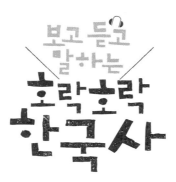

보고 듣고
말하는
호락호락
한국사

보고 듣고 말하는 호락호락 한국사
❷ 삼국 시대

1판 2쇄 발행   2020년 6월 1일

글쓴이	문원림
기획	호락호락 역사 기획단
그림	이진호
캐릭터	윤소
감수	이익주
펴낸이	이경민

편집	최정미, 유지현, 박재언
디자인	디자인 뭉클

펴낸곳	(주)동아엠앤비
출판등록	2014년 3월 28일(제25100-2014-000025호)
주소	(03737) 서울특별시 서대문구 충정로 35-17 인촌빌딩 1층
전화	(편집) 02-392-6901 (마케팅) 02-392-6900
팩스	02-392-6902
전자우편	damnb0401@naver.com
SNS	

ISBN 979-11-87336-50-1 74900
     979-11-87336-43-3(세트)

※ 책 가격은 뒤표지에 있습니다.
※ 잘못된 책은 구입한 곳에서 바꿔 드립니다.
※ 이 도서의 국립중앙도서관 출판예정도서목록(CIP)은 서지정보유통지원시스템 홈페이지(http://seoji.nl.go.kr)와
    국가자료공동목록시스템(http://www.nl.go.kr/kolisnet)에서 이용하실 수 있습니다. (CIP제어번호 : CIP2017025370)

도서출판 뭉치는 ㈜동아엠앤비의 어린이 출판 브랜드로, 아이들의 지식을 단단하게 만들어주고,
아이들의 창의력과 사고력을 키워주어 우리 자녀들이 융합형 창의 사고뭉치로 성장할 수 있도록
좋은 책을 만들겠습니다.

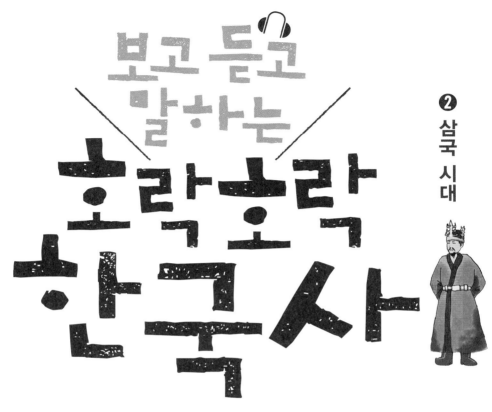

보고 듣고 말하는
흐락흐락
한국사

❷ 삼국 시대

문원림 글 | 이진호 그림 | 이익주 감수

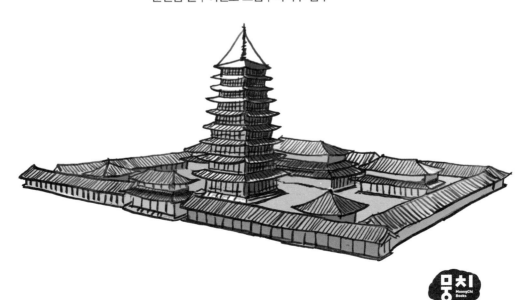

뭉치 MoongChi Books

호(好)락(樂)호(好)락(樂) 역사가 재미있고 즐거워!

『호락호락 한국사』를 읽는 친구들, 안녕! 정말 반가워. 나는 이 책에 등장하는 모든 이야기꾼이야. 세상 무엇으로도 변신이 가능한 이야기꾼이라고 했던 거 기억하니? 내가 변신하는 이유는 단 한 가지! 역사 이야기가 너희들 귀에 쏙쏙 들어가길 바라기 때문이야.

그런데 1권에서 책 제목이 왜 호락호락 한국사인지 밝히지 않았더구나? 책을 읽은 친구가 호락호락이 무슨 뜻이냐고 묻기에 아차 했단다. 이 책이 어떤 생각으로 만들어지고 어떻게 봐야 하는지 설명하다가 그만 중요한 이야기를 놓친 거지. 미안, 이제라도 밝혀 볼게.

호락호락하다는 건 만만하다는 뜻이잖니? 역사는 어려운 게 아니라 만만하고 쉬운 거라는 걸 알려 주고 싶었어. 그냥 읽기만 해도 쉽게 이해되고 귀에 쏙쏙 들어온다면 역사가 재미있다고 생각하겠지? 이 책을 읽으며 역사를 알아가는 재미가 쏠쏠하다면 역사를 좋아하게 될 거고, 그럼 즐거워지지 않을까 하는 생각이 들더라. 호락호락을 한자로 쓴다면 좋아할 호(好), 즐거울 락(樂) 자가 들어가거든? 그러니까 좋아하고 즐거워한다는 뜻도 되는 거지. 이야기하듯 들려주니 쉬워서 좋고 그래서 즐거운 우리나라 역사라는 이야기야. 이제 책 제목도 귀에 쏙 들어오지 않니?

2권도 1권처럼 4장으로 되어 있는데 삼국 시대의 역사가 펼쳐지지. 각 장마다 데굴데굴 구르는 알과 서울의 젖줄인 한강 그리고 백제의 장인 아비지와 솥단지가 이야기꾼으로 나온단다. 알은 고대의 건국 영웅들을 소개하려고 나왔어. 그런데 왜 하필 알일까? 건국 영웅들이 다 알에서 나와 그런 거 아니냐고? 딩동댕!!! 그런데 이미 다 알고 있는 이야기라며 시큰둥하던 친구들도 알이 전하는 신화를 듣고는 로댕이 만든 생각하는 사람처럼 되더구나? 왜 그런지 궁금하다면 얼른 책을 펼쳐 봐!

자~ 한강은 왜 삼국의 관계를 이야기하러 나온 건지 아는 친구, 두 손 번쩍! 어, 아무도 없는 걸 보니 이 책을 꼭 읽어야겠구나. 한강은 삼국의 역사를 가장 잘 전할 수 있는 대체불가 이야기꾼이란다. 너희들도 이 말에 고개를 끄덕이게 될걸?

그리고 백제의 장인 아비지가 닮은 듯 다른 삼국의 문화재를 소개하는데 말투가 옛날 말투야. 그래도 잘 알아들을 수 있는지 한번 들어 보렴. 아~ 삼국이 아니라 가야의 문화재도 소개하니 사국이라고 해야겠네. 가야는 고구려, 백제, 신라처럼 고대 왕국이 되지 못했지만 그 문화는 신기하고 독특하지. 가야의 토기를 보면서 장난기 많은 유쾌한 가야인을 떠올리게 될지도 모른단다.

그런데 4장에는 어려운 역사책에는 절대 나오지 않는 이야기나 평범한 백성들의 이야기를 솥단지가 전해 준단다. 솥단지는 백성들의 절친이었으니까! 그렇게 말하는 까닭이 무엇인지 친구들이 직접 알아 보렴. 아, 한 가지 더! 마지막 장은 백성들 사이에서 전해진 이야기이거나 착하고 성실하게 살았지만 역사에 큰일을 한 사람들에게 가려졌던 백성의 이야기라 특별한 토론거리가 없어. 그래서 호락호락 토론방이 없단다. 솥단지의 이야기를 들어 보면 호락호락 토론방이 없는 게 오히려 당연하다는 생각이 들 거야.

각 장마다 너희들의 친구인 그렁군과 딴지양이 호락호락 토론방에서 토론 주제를 놓고 궁금한 걸 물으며 이야기를 나누잖니? 그리고 나름대로 자기 의견을 블로그에 올리지. 너희들도 호락호락 토론방의 초대 손님이 되어 보렴. 어떻게? 호락호락 토론방을 친구들과 돌아가며 읽어 보고 의견을 발표하는 시간을 갖는 거야. 등장하는 인물의 캐릭터를 잘 살려 읽고 인터넷에 올리면 그게 바로 팟캐스트 아니겠니? 역사라는 주제를 가지고도 친구들과 알콩달콩 수다를 떨며 재미지고 즐거울 수 있다는 걸 체험하게 될 거야. 뭐 그야말로 책 제목 그대로 호락호락 한국사가 되는 거지! 어때, 세계 최초 무엇으로도 변신 가능한 이야기꾼인 나는 절대 거짓말을 하지 않잖아? 게다가 아주, 대단히, 몹시 친절하기까지 하지. 다른 공부에 시달려서 책을 들 힘마저 없는 친구들을 위해 녹음까지 준비했거든. 각 장 본문의 마지막에 있는 QR코드에 핸드폰을 스윽 갖다 대면 위에 나온 이야기꾼들이 또랑또랑한 목소리로 이야기를 다시 들려준단다. 이야기를 들으며 잠이 들어도 좋아. 왜? 꿈속에서도 그들을 만나게 될 테니까!

2017년 9월
바람이 불어서, 바람이 불지 않아서 좋은 날에
역사 이야기꾼이

차례

기원전 57년
신라 건국
박혁거세

기원전 37년
고구려 건국
고주몽

기원전 18년
백제 건국
온조

42년 가야 건국
김수로

1장

알에서 나온 영웅이 나라를 세웠어

덱데구르르르~

나는 알이야. 나라를 세우는 건국 영웅들에 대한
이야기를 하려고 열심히 굴러왔어.
영웅들이 병아리처럼 알에서 태어나서 많이 놀랐니?
그런데 내 이야기를 잘 들어 보면 왜 알에서 태어났다고 했는지
이해하게 될 거야. 자, 다들 나를 따라와!

알이 들려주는 건국 영웅들의 이야기

덱데굴 데구르르~ 『호락호락 한국사』를 읽는 친구들, 안녕! 나는 나라를 세운 건국 영웅들을 소개할 알이야. 내가 왜 이야기꾼으로 나왔는지 알 것 같다는 표정들이구나, 좋아!

너희들도 우리나라 건국 영웅들이 알에서 태어났다는 것쯤은 다 알고 있지? 그런데 왜 그랬을까, 생각해 본 적은 있니? 나는 건국 영웅들 이야기만 하러 나온 게 아니야. 그 이야기 속에 들어 있는 진짜 의미가 무엇인지도 말해 주려고 나왔지. 자, 그럼 이야기 속으로 데구르르 들어가 볼까?

고조선이 사라진 땅에

그런데 영웅들을 소개하기 전에 먼저 고조선이 망하고 우리 땅에 어떤 일들이 일어났는지부터 이야기해야 할 거 같아. 한나라는 고조선의 땅을 네 곳으로 나누어 한사군을 두었잖니? 그 한사군 중에서 낙랑만 오래 버티고 다른 군은 얼마 못 가 없어지거나 쫓겨 갔단다. 오랫동안 고조선의 백성으로 살던 사람들의 저항이 상당했거든. 그런데 평양 지역에 있었다던 낙랑만은 400여 년이나 이어졌지. 원래 살고 있던 사람들과도 잘 지냈을 뿐만 아니라 중국의 문물을 전해 주는 역할도 했기 때문이래. 그래도 결국 고구려에게 멸망당하고 말았지.

고조선이 사라지기 전부터 요동 송화강 유역에는 부여라는 나라가 있었어. 백두산에서 흘러내리는 송화강 주변은 비옥한 땅이라 농사도 잘 되고, 목축도 잘 되어 부여는 부강한 나라였지. 그래서 나중에 세워진 고구려나 백제는 서로 부여에 뿌리를 두고 있다고 했단다.

부여에서는 여러 지역의 힘 있는 부족들이 관리가 되어 그들 중에

부여, 고조선, 삼한

서 왕을 뽑았어. 그런데 처음에는 왕의 힘이 크지 못해서 나라에 흉년이 들면 왕을 바꾸어 버리거나 심지어 죽이기까지 했대. 하늘의 기운을 제대로 읽지 못하는 무능한 왕은 죽음으로 책임을 지게 한 거지.

그리고 목축을 중요하게 생각했던 부여인들은 관직의 이름도 마가, 우가, 저가, 구가라고 했어. 말, 소, 돼지, 개를 관직 이름에 붙였다고 우습다는 친구들도 있는데 그건 뭘 모르는 소리야. 저 가축들을 잘 키워 백성을 배불리 먹이는 사람이 관직을 맡는 거니까 오히려 자랑스러운 이름이었지. 대평원에서 잘 자란 부여의 말은 아주 유명해서 이웃나라에 수출도 했다던걸?

12월이 되면 '영고'라는 축제를 벌였는데 하늘에 제사를 지낸 다음 왕과 관리 그리고 백성들까지 모두 하나가 되어 한바탕 먹고 마시며 부여의 단합을 자랑했다더구나. 온 나라가 함께하는 축제는 주변의 나라들에게 힘을 보여 주는 것이기도 했지.

한반도 남쪽에는 오래전부터 여러 부족 국가들이 있었어. 그 많은 부족 국가들은 수십 개씩 모여서 마한, 변한, 진한으로 불렸는데, 이들을 삼한이라고 했단다.

그런데 삼국은 언제 나오냐고? 낯선 나라들만 나와서 당황했구나? 고조선이 사라진 땅에 삼국이 짠! 하고 생겨난 것이 아니라 크고 작은 전쟁이 일어나면서 나라가 세워졌단다. 그 이야기를 살짝만 해 볼게.

고조선이 망한 지 70여 년 뒤 압록강 지역에 고구려가 세워졌어. 그리고 함경도 지역에는 옥저가, 동해안 쪽에는 동예가 있었지. 옥저와 동예라는 나라를 처음 들어 보는 친구도 있을 거야. 옥저와 동예는 바닷가 근처라 해산물도 많이 나고 땅도 기름져서 살기 좋았지만 작은 나라여서 얼마 못 가 고구려에게 정복당했거든.

옥저에는 민며느리제라는 풍습이 있었는데 여자가 열 살이 되면 신랑 집에 들어가서 살다가 다 크면 혼인하는 거란다. '열 살이면 꼬맹이인데 혼인이라니……' 하면서 기겁을 하는 친구도 있구나? 2000년 전엔 그랬어.

동예에는 하늘에 제사를 지내는 '무천'이라는 행사와 과하마라는 말이 유명했지. 과하마란 과일나무 아래를 지날 정도로 작은 말이라는 뜻이야. 과일나무는 그리 크지 않으니 그 밑을 지날 정도면 당나

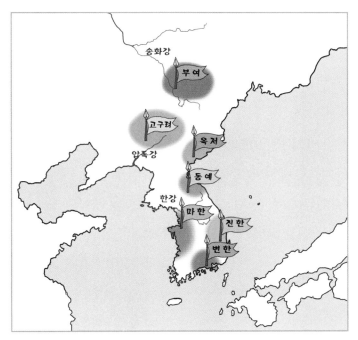

부여, 고구려, 옥저, 동예, 삼한

귀만 한 꽤 귀여운 말이었을 거 같지 않니? 지금까지도 있다면 너희들도 탈 수 있을 텐데, 아쉽다!

그런데 옥저와 동예는 강한 나라를 세우지 못해서 고구려에게 특산물을 바치다가 역사에서 영원히 사라졌어. 다른 나라의 역사에 짤막한 기록이 좀 남았을 뿐이란다.

기후도 좋고 살기 좋았던 삼한 지역은 일찍부터 벼농사가 발달해서 벽골제, 의림지 같은 저수지가 있었어. 벼농사는 물을 제때 잘 주어야 하는 농작물이거든. 그리고 하늘에 제사지내는 제천 행사도 5월과 10월에 두 번씩이나 드렸대. 농사를 주로 지었기 때문에 하늘에 많이 기댔던 거지.

가장 살기 좋았던 마한 지역엔 54개나 되는 부족 국가들이 있었는데 그중에 목지국이 가장 강했어. 목지국의 왕이 마한의 대표 왕 노릇을 했지만 뒤늦게 나라를 세운 백제에게 통합되고 말았지. 그리고 12개의 부족 국가가 있던 진한은 신라로 통합되고, 변한에도 6개의 가야가 세워졌어.

그런데 갑자기 왜 이렇게 많은 나라가 세워졌느냐고? 정말 뛰어난 질문인데! 간단하게 말하면 고조선의 위만왕 때부터 철기가 많이 쓰였기 때문이야. 생각해 봐. 철기로는 청동기와 달리 단단한 도구를 만들 수 있으니까 땅을 깊게 갈거나 더 많은 땅을 갈아 생산량이 확 늘어날 수 있잖아? 청동기 때의 돌괭이나 동물 뼈로 농사를 지을 때하고는 비교도 안 됐겠지? 이렇게 살 만해지니까 여러 나라들이 세워졌던 거야. 이제 그 어느 때보다 땅이 중요한 시대가 된 거지.

고구려, 백제, 신라, 가야

생산량이 많아지고 인구가 늘면 무슨 일이 일어나더라? 그래, 슬프게도 전쟁이 일어나지. 여러 나라들은 철기로 강력한 무기를 만들어 정복 전쟁을 벌였어. 그래서 부여와 옥저, 동예는 고구려에 합쳐지고, 마한 지역엔 백제가, 진한 지역엔 신라가 우뚝 서게 된 거야. 이제 만주와 한반도에는 고구려, 백제, 신라 세 나라가 세 발 달린 솥처럼 버티고 서서 700여 년이나 힘겨루기를 하게 된 거지. 삼국 시대가 열린 거란다. 가야는 500여 년을 이어갔지만 6개로 나뉘어 끝내는 힘을 합치지 못하고 신라에게 멸망당했어. 그래서 안타깝지만 삼국에 끼지 못했지.

알에서 나온 영웅들

너희들이 태어날 때도 신비한 태몽 이야기가 있잖아? 그러니 나라가 세워질 때는 어땠겠어? 더 거창하고 신비스런 건국 신화가 있었지! 뭐, 이미 고조선의 건국 신화를 들었기 때문에 신화가 그다지 이상하고 낯설지만도 않을 거야. 그런데 특이하게도 건국 영웅들은 다~ 알에서 태어났다고 했지. 왜 그런 건지 그 까닭을 이야기 속에서 찾아볼까?

활 잘 쏘는 영웅 – 고구려의 시조, 고주몽

고구려를 세운 고주몽은 부여에서 태어났기 때문에 이야기는 부여에서부터 시작된단다. 부여에는 금빛 나는 개구리처럼 생겼다는 금와라는 왕이 있었어. 하루는 금와왕이 강가에 나왔다가 유화라는 여인을 만났지. 그 여인은 자신이 강의 신인 하백의 딸인데 부모의 허락 없이 하늘 나라의 아들, 해모수와 혼인하는 바람에 쫓겨났다고 했어. 강의 신이니, 하늘의 아들이니 하는 소리가 예사롭지 않다고 생각한 왕은 유화를 데려와 별궁에 가뒀지.

그런데 햇빛이 방 안 가득히 비추며 유화를 쫓아다녔어. 마침내 유화는 햇빛을 품고 아기를 갖게 되었는데, 얼마 뒤에 커다란 알을 낳았지 뭐야? 기이하다고 여긴 왕이 알을 내다 버렸더니 개와 돼지도 먹지 않고, 소와 말이 피해가는 데다 새와 여러 짐승들마저 알을 보호

시조
나라를 맨 처음 세운 사람이야.

하는 거야. 왕이 깨뜨리려고 하는데도 깨지지 않아 할 수 없이 유화에게 돌려주었더니 글쎄, 비범하게 생긴 사내아이가 알을 '파바박' 깨고 나왔어!

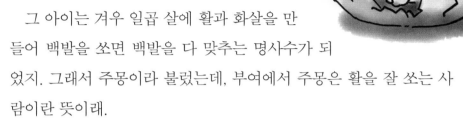

그 아이는 겨우 일곱 살에 활과 화살을 만들어 백발을 쏘면 백발을 다 맞추는 명사수가 되었지. 그래서 주몽이라 불렀는데, 부여에서 주몽은 활을 잘 쏘는 사람이란 뜻이래.

주몽은 무예가 뛰어났을 뿐만 아니라 지혜롭고 몸집도 큰 데다 잘생겼어. 척 보기에도 대단한 인물이었던 거야. 아, 이러니 금와왕의 일곱 아들들이 주몽을 시기할 수밖에 없었지. 첫째 왕자 대소는 왕에게 주몽은 장차 나라에 해가 될 인물이니 없애야만 한다고 했으니까.

하지만 왕은 주몽에게 말을 기르게 하며 살펴보기로 했어. 주몽은 성실하게 말을 잘 돌보아 왕을 안심시켰지. 그러면서 말을 보는 눈이 뛰어났던 주몽은 좋은 말을 한 마리 가려내어 혀에 바늘을 꽂아 두었어. 일부러 여위도록 한 거지. 금와왕은 살이 잘 오른 말들은 제가 가지고 볼품없이 여윈 말은 주몽에게 주었어. 주몽은 그 말을 잘 먹여 좋은 말로 키워서는 앞으로 닥칠 위험을 준비하고 있었단다.

고분고분하게 마구간지기 일을 하는데도 여전히 왕자들과 신하들은 주몽을 죽이려 했어. 이것을 눈치 챈 유화가 주몽에게

"너만 한 무예와 **지략**으로 어디 간들 살지 못하겠

지략
어떤 일이나 문제를 해결하는 슬기로운 생각이지.

느냐?"

그러면서 떠나라고 재촉했지. 주몽은 어머니와 아이를 가진 아내, 예 씨를 두고 발길이 떨어지지 않았지만 목숨이 위태로웠기 때문에 도망칠 수밖에 없었어.

하지만 얼마 못 가 위험한 상황에 빠지고 말았지. 강물이 떡하니 길을 가로막고 있었던 거야. 뒤에선 부여의 군사들이 쫓아오지, 앞엔 시퍼런 강물이 출렁이니 이를 어째? 그런데 목숨이 왔다 갔다 하는 그 순간에 주몽은 말채찍을 있는 힘껏 내리치며 부르짖었어.

"나는 천제의 아들이요, 하백의 손자다!"

그랬더니 수백, 수천의 물고기와 자라가 다리를 만들어 길을 열어 주는 거야. 주몽은 무사히 강을 건넜지. 뒤쫓던 대소와 부여군은 물고기와 자라가 사라져 강을 건널 수 없었으니, 쯔쯔쯔…… 닭 쫓던 개가 지붕만 쳐다보는 기분! 딱 그거였을 거야.

주몽은 졸본이란 곳으로 들어갔는데 졸본은 비류수가 흘러 토지는 비옥하고 산천은 험해서 나라를 세우기에 좋았어. 그곳에 도읍을 정하고 나라 이름을 고구려라 했지.

고구려 첫 번째 도읍지로
졸본성(오녀산성)이
남아 있어.

고구려

● 졸본

압록강

그런데 이야기는 여기서 끝이 아냐. 고구려는 작게 나라를 일으켰는데 사방에서 따르는 이가 많아져 점점 세력이 커졌어. 그러자 비류수 상류에 있던 비류국의 송양왕이 주몽이 진짜 하늘의 자손인지 시험하려고 들었단다.

"이곳은 두 사람이 다스리기엔 좁은 땅이니 재주를 겨뤄 봅시다."

그러더니 송양왕이 먼저 백보 거리에서 사슴을 향해 활을 쏘았는데 빗나가고 말았어. 하지만 부여의 신궁인 주몽은 백보 거리에서 가뿐하게 옥 반지를 깨 버렸지!

그러자 송양왕은 누가 먼저 궁궐을 세웠는지 견주어 보자고 또 떼를 썼어. 이것 역시 주몽의 완승으로 끝이 났어. 왜냐하면 나라를 세울 때부터 아주 오래된 나무로 궁궐 기둥을 세워 천 년 묵은 궁궐로 보이게 했거든. 이미 앞을 내다보고 있었다는 이야기지. 주몽의 무예와 지략을 넘어설 수 없었던 송양왕은 주몽에게 항복했고 고구려는 더 강해졌어.

이 이야기를 들으면 주몽이 나라를 세우고 세력을 넓혀가는 것이 참 어려웠겠구나 하는 생각이 들어. 왜냐고? 주몽이 송양왕과 재미난 겨루기를 한 것처럼 말하지만 정말 그랬겠니? 때는 정복 전쟁 시대였는데 말이야!

고구려 건국 신화 우표(우정사업본부 발행)

지혜로운 눈을 가진 영웅 – 백제의 시조, 온조

이번에는 백제를 세운 온조의 이야기를 들어 봐. 온조는 고구려에서 태어났으니 이야기는 당연히 고구려에서 시작되겠지?

주몽이 졸본 땅에 나라를 세울 때 그곳엔 이미 졸본 부여라는 나라가 있었대. 이야기가 왜 이랬다 저랬다 하냐고? 음, 그건 신화는 아주 오래전 여러 사람의 입으로 전해졌기 때문에 이런저런 이야기가 섞일 수밖에 없어서 그래. 영특한 너희들이 이해해 주렴.

어쨌든 아들이 없었던 졸본 부여의 왕은 주몽의 비범함을 알아보고 둘째 딸인 소서노와 맺어 주어 왕위를 물려주었대. 나라의 기틀을 잡아갈 때 주몽은 소서노의 도움을 아주 많이 받았어. 주몽은 뛰어난 인물이라 왕이 되긴 했지만 다른 곳에서 온 사람이라 지지하는 사람들이 많지 않았을 거야. 그런데 왕의 딸이 나서서 주몽을 도와주니 한결 나라를 다스리기 쉬웠겠지? 소서노는 여장부였거든. 고마웠던 주몽은 소서노 그리고 아들인 비류와 온조를 많이 사랑했대.

그런데 그만 부여에서 첫째 아들이 찾아온 거야. 주몽에겐 부여에 이미 아내가 있었고 급하게 도망치느라 아이를 가진 아내를 데려올 수 없었잖아? 그 아내가 유리라는 아들을 낳았던 거지. 주몽은 부여를 떠나기 전, 아들이 태어나거든 숨겨 둔 **증표**를 찾아 자기에게 보내라고 했대. 증표는 소나무 아래, 일곱 모가 난 돌 밑에 숨겨 둔 반 토막 칼이었는데…… 유리가 그 칼 반 토막을 찾아 턱 하니 나타났던 거야.

주몽은 수수께끼 같은 과제를 냈는데도 잘 풀어낸 유리에게 왕위를 물려주었어. 소서노와 두 아들은 참말로 섭섭했겠지? 유리가 왕이 되자 소서노는 고구려에 남아 껄끄러운 존재가 되기 싫었어. 그래서 새 나라를 세우겠다는 당찬 의지를 가지고 두 아들과 따르는 무리

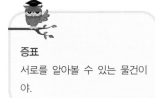

증표
서로를 알아볼 수 있는 물건이야.

를 이끌고 남쪽으로 내려왔단다.

힘겹게 내려온 일행은 산에 올라 나라를 세울 만한 곳을 찾아보았어. 신하들이 북쪽엔 한강, 동쪽엔 높은 산, 남쪽엔 비옥한 땅이 있는 한강 주변이 도읍지로 으뜸이라고 입을 모아 말했지. 하지만 비류는 이 말을 듣지 않고 바닷가 쪽으로 더 나아가겠다며 서해 쪽으로 떠났어.

온조는 신하들의 말을 따라 한강 유역에 도읍을 정하고 나라 이름을 '십제'라고 했지. 비류는 바닷가 쪽에 자리를 잡았다가 실패하고 백성들과 함께 위례성으로 돌아왔어. 따르는 무리가 많아지자 온조는 나라 이름을 백제로 바꾸고 나라를 잘 다스렸다는구나.

수십 개의 작은 나라들이 있던 마한 지역에 나라

도읍지
한 나라의 중심지, 서울이야.

를 세우는 일은 무척 어려웠지만 온조는 지혜롭게 나라의 기틀을 잡아갔지. 때로는 이웃 나라들에게 강하게 대항하기도 하고 때로는 부드럽게 대처하면서 말이야. 백제는 처음엔 마한 지역의 강한 나라였던 목지국에게 굽혀 지낼 수밖에 없었어. 하지만 점점 강해져서 나중에는 마한을 다 정복했단다.

백제 건국 신화 우표(우정사업본부 발행)

세상을 밝게 비춘 영웅 – 신라의 시조, 박혁거세

신라는 박, 석, 김 세 성씨가 돌아가면서 다스렸기 때문에 신화가 셋이나 된단다. 먼저 신라의 건국 시조인 박혁거세 이야기부터 해 볼게.

옛날 진한 땅에는 여섯 마을이 있었는데 그 마을 촌장들이 모여서 덕 있는 사람을 왕으로 모시자는 의논을 하고 있었어. 그때 나정이라는 우물 옆에 백마가 꿇어앉아 절을 하고 있데래. 기이하게 여긴 사람들이 가서 살펴보니 붉은 알이 있었지. 그 알을 지키고 있던 백마는 사람들을 보더니 "히이잉~~"

길게 한 번 울고는 하늘로 올라가 버렸대. 그 말은 하늘에서 내려온 천마였던 거야.

백마가 남기고 간 알에서는 사내아이가 나왔는데, 몸에서 광채가 나고 해와 달은 더 밝아졌다더라. 사람들은 박처럼 커다란 알에서 나왔으니 성씨를 박이라 하고 밝은 빛으로 세상을 다스리라는 뜻에서 혁거세라 이름 지었어.

바로 그날, 알영정이라는 우물가에는 닭의 머리를 한 계룡이 나타나 왼쪽 옆구리로 여자아이를 낳았대. 그런데 입술이 닭의 부리 같아서 목욕을 시키니까 부리가 빠지면서 아주 고운 모습이 되더라는 거야. 사람들은 태어난 우물의 이름을 따 알영이라 하고는 훗날 박혁거세의 짝으로 잘 키웠어. 13세가 되자 박혁거세와 알영은 왕과 왕비가 되어 나라를 잘 다스렸단다.

그런데 박혁거세는 나라를 다스린 지 61년이 되던 해 하늘로 올라

갔는데 7일 후에 여러 조각으로 나뉘어 떨어졌대. 얼마 뒤 왕비도 세상을 떠나자 함께 장례를 치르려 했는데 뱀이 나타나 방해를 하더라나? 그래서 이것도 하늘의 뜻이려니 하고 다섯 개의 무덤을 만들어 장사를 지냈단다. 이 무덤을 사릉 또는 오릉이라고 부르던데 그 이유를 이제 알겠지?

장사
죽은 사람을 묻거나 화장하는 거야.

신라 건국 신화 우표(우정사업본부 발행)

꾀 많은 영웅 - 석탈해

바다 멀리 있는 용성국의 왕비가 7년 만에 어렵게 아이를 가졌는데 낳고 보니 알인 거야. 왕은 불길하다는 생각이 들었지. 그래서 알을 상자에 넣고 배에 실어 바다로 띄워 보냈어. 인연 있는 곳에 가서 살라고 하면서 말이야.

배는 까치의 보호를 받으며 떠돌다가 신라의 바닷가에 닿았는데 고기 잡던 할머니가 발견했어. 배 안에 있던 큰 상자가 열리면서 단정한 사내아이가 나오자 할머니는 거두어서 잘 키웠지. 그리고 까치가 보호해서 왔다며 까치 작(鵲) 자에서 새 조(鳥) 자를 뺀 '석(昔)'으

로 성씨를 삼고 상자를 스스로 열고 나왔다고 '탈해'라는 이름을 지어 주었어.

얼마 뒤 석탈해는 토함산에 올라가 자기가 살 만한 집을 살펴봤대. 그런데 땅의 기운이 좋은 집을 골라 놓고 보니, 그 집이 신라의 높은 관리인 호공의 집이었지. 그러자 석탈해는 꾀를 내어 숫돌과 숯을 몰래 그 집 곁에 묻고는 이튿날 호공의 집으로 찾아갔어. 자기의 조상이 대장장이인데 잠시 떠나 있는 동안 호공이 내 집을 차지한 거라며 집을 다시 내놓으라고 했지. 그러면서 땅을 파서 사실인지 알아보자고 억지를 부렸어. 결과는 뻔했겠지? 석탈해가 미리 묻어 둔 숫돌과 숯이 나왔을 테니까!

호공은 흔쾌히 집을 양보했어. 호공도 석탈해가 억지를 부린다는 건 알았을 거야. 하지만 낯선 곳에서 온 의지할 데도 없는 젊은이가 부리는 배짱이 마음에 들었던 거지. 꾀 하나로 호공의 집을 차지한 소문은 그날로 신라에 쫘악 퍼졌을 테지? 그러자 지략이 보통이 아님을 알아본 왕은 석탈해를 사위로 삼았는데 석탈해는 나중에 왕이 되었어.

한 나라의 왕자로 태어났지만 알에서 나왔다고 버림받아 바다를 떠돌았다니 참 기구한 운명이야. 그런데 기댈 곳 하나 없는 머나먼 남의 나라까지 와서 지략 하나로 왕의 사위가 되었어! 건국 영웅은 아니지만 나중에 왕까지 된 걸 보면 정말 꾀쟁이 영웅이라 할 만하잖아?

대장장이
금속을 달구고 두드려 연장과 기구를 만드는 사람이야.

때를 기다릴 줄 아는 영웅 – 김알지

석탈해가 왕이 되어 다스리던 때의 일이야. 어느 날 호공(석탈해에게 집을 양보했던 바로 그 사람)이 크고 밝은 빛이 숲을 비추는 것을 보고 찾아가니 황금 상자가 나뭇가지에 걸려 있었어. 그리고 그 밑에서 흰 닭이 울고 있었지. 기이한 일이라 생각한 호공은 바쁘게 달려가 탈해왕에게 아뢰었어. 그 소리를 들은 왕이 나뭇가지에서 상자를 내려 열어 보게 하니까 웬 사내아이가 있는 게 아니겠니?

왕은 아이가 황금 상자에서 나왔다고 성 씨를 김으로 하고 아기를 뜻하는 알지로 이름을 지어 주었지. 알지는 자랄수록 총명하고 지혜로워 태자가 되었어. 하지만 태자의 자리를 탈해의 아들에게 양보했대. 김알지는 왕위에 오르지는 못했지만 그 후손들은 대대로 왕위에 올라 신라를 다스렸단다. 그러니 김알지도 신라를 세운 건국 영웅은 아니지만 때를 기다릴 줄 아는 영웅이라고 해야 하지 않을까?

하늘의 뜻을 이룬 영웅 – 가야 시조, 김수로

    가야는 비록 고대 국가로 크지 못하고 멸망했지만 질 좋은 철이 나는 지역이라 철기 문화가 발전해서 중국과 일본으로 수출했던 나라였어. 그런데 철을 다루는 솜씨가 뛰어났음에도 신라에 통합당하고 말았지. 내가 보기엔 아무래도 신화 속에 그 까닭이 들어있는 거 같은데 함께 찾아볼래?

    가야 땅엔 왕도 신하도 없이 **9간**이 다스리고 있었는데 어느 날 하늘에서 이런 소리가 들렸어.

    "하늘의 명으로 이곳에 나라를 세우려 하니 너희들은 땅을 두드리며 '거북아, 거북아, 머리를 내밀어라. 머리를 내밀지 않으면 구워 먹으리라'는 노래를 부르며 춤을 추어라."

    왕을 맞이하고 싶은 마음이 간절했던 수많은 사람

9간(干)
가야의 아홉 지도자를 말해.

들은 구지산에 올라 나무 막대로 땅을 꽝꽝 치면서 '구지가'라는 노래를 우렁차게 불렀지. 그 소리가 얼마나 우렁찼던지 얼마 뒤 하늘에서 자주색 빛 한 줄기가 촤악~ 비쳤대.

빛이 비춘 곳에 가 보니 붉은 보자기에 싸인 황금 상자가 있었는데 그 상자 안에는 알이 하나도 아니고 둘도 아닌 여섯 개나 들어 있었다지 뭐야? 얼마 뒤 알에서 나온 아이들은 훤훤장부가 되었어. 그중 처음 나온 김수로가 금관가야를 세우고 다른 이들도 각각 다섯 가야국의 왕이 됐단다. 금관가야의 김수로가 나머지 나라들의 우두머리 역할을 했지만 처음부터 하나의 나라가 되지 못해서인지 가야는 큰 나라로 성장하진 못했지. 우두머리가 될 알이 너무 많았기 때문이라고? 그래, 나도 그렇게 생각해!

참, 김수로와 석탈해가 왕 자리를 놓고 다툰 이야기를 아는지 모르겠구나?

가야 쪽 기록에 의하면 석탈해가 신라에 가기 전 먼저 가락국으로 와서 김수로를 만났다는 거야. 그리고 재주를 겨뤄 왕을 결정하자고 제안했다지? 그 재주가 뭔고 하니 재미나게도 변신술이었대.

변신술 승부를 제안한 석탈해가 매로 변하자 김수로는 매를 한 번에 덮칠 독수리로 변했어. 그러자 석탈해는 다시 참새로 변했고 김수로는 새매로 변해 참새를 노려봤지. 두 번이나 참패한 석탈해는

"왕은 저를 죽일 수 있었는데도 죽이지 않으셨습니다. 넓은 마음과 뛰어난 재주를 따라가기 어렵습니다"

하면서 항복하고 떠났어.

하지만 남다른 재주를 가진 석탈해가 반란을 일으키지나 않을까 염려되어 김수로는 500척의 배로 뒤를 쫓았지. 그런데 석탈해가 신라로 가는 것을 보고는 안심하고 돌아왔다더라. 뭐? 가야에게 500척의 수군이 있었다는 게 믿기지 않는다고? 어허, 얘들아! 가야는 우리가 아는 것보다 훨씬 강성한 해상왕국이었을지도 몰라. 지금부터 들려줄 김수로의 혼인 이야기를 들으면 그럴지도 모른다는 생각을 하게 될걸?

왕이 된 김수로가 때가 됐는데도 혼인하지 않아서 신하들이 혼사 이야길 꺼냈어. 그러자 왕은 자신의 배필은 하늘이 정해 줄 것이라고 딱 잘라 말했지. 그러던 어느 날 왕이 신하들에게 신부가 배를 타고 오고 있으니 마중 나가라고 하는거야. 느닷없는 말에 신하들은 의아했지만 왕의 말대로 바닷가에 나가 기다리고 있었지.

그랬더니 정말, 붉은 돛대를 세우고 쪽빛 깃발을 휘날리는 수십 척의 배가 낙동강으로 힘차게 다가오는 게 아니겠어? 기다리고 있던 수많은 기마병들이 횃불을 높이 들고 우르르 달려 나가 배를 맞았지. 그리고 배를 젓는 커다란 노를 치켜들고 '우와와~~' 함성을 질러 환영하면서 신부를 궁으로 모셔 가려 했어.

그런데 웬걸, 신부가 단호하게 이렇게 말했대.

"내 어찌 평생토록 알고 지낸 사이도 아닌데 경솔하게 너희를 따라가겠느냐?"

왕에게 직접 나와 맞으라는 뜻이었지. 이 말을 전해 들은 왕은 신부를 정중하게 맞아들였어. 그제야 신부는 한 걸음 한 걸음 다가와

서 조용히 말했지.

"저는 아유타국의 공주로 허황옥이라 하며 열여섯이옵니다. 부모님 꿈에 하늘이 가락국의 왕과 혼인하라 하셨기에 바다 건너 멀리 찾아왔사옵니다."

왕은 이렇게 하늘이 정해 준 인연으로 지혜롭고 당찬 인도의 공주를 맞아 혼인을 했어.

이 국제적이면서도 장대한 혼인식은 해마다 재연되었대. 머나 먼 인도에서 수십 척의 배를 이끌고 나타난 공주와 노를 치켜들며 공주를 환영하는 군대를 떠올려 보면 가야는 정말 해상왕국이었을 것 같지 않니? 우리 역사상 처음으로 국제결혼을 한 두 사람은 백성을 자

재연
똑같은 것을 되풀이하는 것이지.

식처럼 사랑하며 나라를 잘 다스렸다더라. 그리고 김수로는 158세에 세상을 떠났다는데 백성들이 어버이를 잃은 듯 슬퍼했다니 정말 백성을 아끼는 왕이었나 봐.

가야는 500여 년을 이어지다가 신라에게 통합되었어. 금관가야의 마지막 구해왕은 신라에 항복했고 그 자손들은 신라의 귀족이 되었지. 구해왕의 증손자가 그 유명한 김유신이야. 김유신의 누이동생은 김춘추의 아내로 삼국을 통일한 문무왕을 낳았어. 문무왕은 김수로왕의 15대 손이라며 제사도 지내고 김수로 왕릉도 잘 관리했대. 덕분에 김수로왕은 망한 나라의 시조인데도 아직까지 능이 잘 보존되고 있으니 하늘이 낸 왕이 틀림없어.

가야 건국 신화 우표(우정사업본부 발행)

여기까지가 내가 들려줄 이야기야. 다 듣고도 궁금한 건 아직도 많지? 어떤 친구들은 이렇게 말하기도 하더라.

"에이, 사람이 어떻게 알에서 나와? 파충류야? 크크."

"헤에~ 그럼, 건국 영웅은 다 달걀맨이라는 거야?"

자, 그렇다면 굳이 알에서 나왔다는 기이한 이야기가 왜 만들어졌는지 이제 속 시원히 밝혀 주마! 1권 1장에서 지구가 모든 생명체의 에너지는 어디서 왔다고 했더라? 그래, 태양! 옛날 사람들도 모든 생명체의 뿌리가 태양이라고 생각했기 때문에 하늘을 우러러봤어. 그래서 세상의 모든 영웅들은 다 하늘 신에 기대어 신화를 만들어냈던 거지. 내 모양이 태양을 닮았기 때문에 알은 신성하고, 비범하고, 완벽하다고 생각했던 거야. 으흠~ 나는 그런 존재라고!

게다가 건국이란 이전의 것과는 다른 새로운 세상을 여는 거잖니? 알도 파바박! 껍질을 깨고 나와야 새로운 세상을 볼 수 있으니 그 의미가 딱 맞아 떨어지잖아? 이래저래 나는 세상의 모든 신화에 주인공으로 등장할 운명이었다~ 이 말씀이야!

그런데 신화가 다 사실인지, 나라를 세웠다고 다 영웅이라고 해야 하는지는 좀 생각해 봐야겠다고? 역시 똑똑한 친구들이야. 그렇다면 이번 토론방에는 건국 영웅들을 다 초대해서 궁금한 것을 빈틈없이 물어보기로 하는 게 어떻겠니? 알에서 나온 모든 분들은 모이세요! 꼬끼오나 짹짹 뭐 이런 소리를 내는 분들은 말고요! 그럼, 나는 이만, 안녕! 떽데구르르~.

저자가 직접 강의하는 호락호락 한국사 1장
왼쪽의 QR코드를 찍어서 저자의 강의를 들어 보세요!
만약 QR코드가 안 될 경우에는 아래 링크로 들어오세요.
http://blog.naver.com/damnb0401/221112797063

토론 주제 : 신화는 사실일까?

토론자 : 그렇군 🙂 과 딴지양 👧

알에서 나온 영웅들

🙂 딴지양, 오늘 우리 토론방에 건국 영웅들이 온대.

👧 정말? 어, 저기, 저기 활이 보이는 걸로 봐서…….

🙂 고주몽!

🏹 그래! 내가 명사수, 고주몽이란다.

🙂👧 어, 어 진짜다! 아, 안녕하세요?

👧 그런데 정말 일곱 살 때부터 활을 그렇게 잘 쐈나요?

🏹 그건 타고난 재주였다는 걸 부풀려서 말한 것이지, 정말 그랬 겠느냐? 아버지가 하늘 신의 아드님이고 어머니가 하백의 따님 이라지만 나는 늘 아비 없는 자식이란 업신여김을 당했지. 그 나마 활을 잘 쏘아 겨우 주몽이라는 이름을 얻을 수 있었단다.

🙂 그런데요, 능력이 뛰어난데도 마구간지기를 시키니 자존심 상 하진 않았어요?

🏹 왕자들이 내 재주를 시기하고 금와왕은 나를 떠보려 하니 어

쩌겠느냐? 어머니와 아내까지 있으니 참을 수밖에 없었지. 희망도 없고 기댈 곳도 없는 내 처지가 한없이 원망스럽고 세상이 두려웠단다.

그럼 낯선 곳으로 도망칠 때도 무서웠겠네요?

야, 딴지양! 영웅을 뭘로 보는 거냐?

아니, 딴지양 말이 맞다. 영웅도 보통 사람들하고 다르지 않단다. 당연히 무섭고 겁이 났지. 그러나 두려움을 이겨내고 당당하게 맞서야 영웅이 되지 않겠느냐?

나는 늘~ 떠나던 날, 어머니가 내게 하신 말씀으로 용기를 냈단다. '네 무예와 지략으로 무엇을 못 하겠냐'고 단호하게 말씀하시던 그 모습 때문에 온갖 어려움을 다~ 이겨낼 수 있었다.

와아~ 맞아요, 맞아요! 엄마의 믿음. 이게 중요한 건데, 우리 엄마는 내가 무슨 말만 하면 "정말? 믿어도 돼?" 이러거든요? 나도 엄마가 "그렇군, 네가 뭘 못하겠느냐?"라고 말씀해 주시면 영웅이 될 거 같은데…….

푸후후…… 그런데 정말 물고기와 자라가 다리를 만들어 준 거예요?

우리 아버지가 하늘의 신이니 가장 위태로운 순간에는 반드시 나를 도와주실 거라 믿었다. 게다가 우리 어머님이 강의 신, 하백의 따님이 아니더냐? 내가 누구인지 당당하게 밝히며 도움을 청하자 주변 모든 사람들이 도와주더구나. 그걸 아주 멋지게 물고기와 자라가 다리를 만들어 주었다고 한 것이지.

아하, 그런 거구나. 그럼 하늘 신은 아주 존귀한 사람이란 거고, 강의 신은 그 지역의 힘 있는 사람이란 뜻이네요?

야, 딴지양, 너 신화 박사 해도 되겠다!

뭐 그 정도는 아니지만 이야기를 잘 들어 보니 조금 감이 오는 거 같아. 그런데 주몽님, 강가에서 하늘을 우러르고 말채찍으로 땅을 내려치며 내가 누구다! 하고 밝힐 때 좀 멋있었어요.

나도, 나도! '크아앙' 울부짖는 백두산 호랑이 같았어요.

아, 그런데 나라를 세울 때 소서노의 도움을 잔뜩 받고는 첫째 아들인 유리한테 왕위를 물려준 건 좀 너무한 거 아녜요?

그래, 그랬을 게다. 소서노에겐 정말 미안했지. 그러나 유리를 보는 순간 꼭 나를 보는 것 같더구나. 아이가 태어나는 것도 보지 못했고 자라는 것도 돌봐 주지 못했잖니? 그런데도 잘 자란 유리는 찾기 쉽지 않은 증표를 가져왔을 뿐만 아니라 나처럼 활도 잘 쏘고 담력도 보통이 넘었단다. 그래서 왕이 될 자격이 충분하다고 생각했지.

아, 그 생각은 못했어요. 칼 반 토막 찾아온 것으로 쉽게 왕이 된 걸로만 생각했거든요.

그러게 말이야. 그런데 좀 이상한 게 하나 있어. 백제 신화는 기이한 이야기가 하나도 없지 않았니?

그건 내가 이야기해야겠다.

누구신데요?

내가 바로 백제의 시조 온조란다. 형님인 비류와 나는 아버지와 어머니가 밝혀져 있으니 굳이 알에서 태어났다는 신화를 만들 까닭이 없었지. 그래서 우리 이야긴 그대로 역사 기록이라고 생각하면 된단다.

아~! 백제는 신화가 아니라 그냥 역사구나. 그래서 그런가, 저는 온조왕이 영웅이라는 생각이 별로 안 들던데요.

별로 한 일도 없는데 도읍지를 알아봤다고 지혜로운 눈을 가진 영웅이네, 뭐네 하면서 치켜세우는 거 아니냐는 거겠지? 그러나 내 이야기를 들어 보면 생각이 좀 달라질 게다.

고구려가 세워질 때 우리 어머니는 갖은 노력을 다하셨는데도 유리가 왕이 되자 앞날을 내다보기가 어려웠지. 그래서 새로운 곳에 나라를 세우는 꿈을 꾸며 고구려를 떠나왔지만 그것이 어찌 말처럼 쉬운 일이었겠느냐?

우리가 나라를 세우고자 한 곳은 이미 강한 나라들이 있어서 때때로 쳐들어오고 참견을 해서 **목책** 하나 쌓기도 힘들었단다. 형님은 무슨 웅대한 꿈이 있으셨던지 서해와 가까운 곳으로 떠나 버리고, 강건하시던 어머니마저 돌아가시니 사방의 적들은 우리를 위협했단다.

미추홀을 도읍으로 정했던 형님은 실패했지만 나, 온조는 신하들의 뜻을 잘 모아서 한강 유역의 좋은 곳에 도읍을 정하고 어려운 문제를 하나하나 해결해 갔으니 지혜로운 왕이라 할 만하지 않느냐?

그러네요. 마한 지역엔 목지국이라는 강한 나

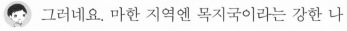

목책
적을 막기 위해 말뚝을 박아 만든 울타리야.

라가 있었는데도 나라를 세운 건 대단한 거네요. 전 그냥 주인 없는 땅에 백제를 세운 건 줄 알았거든요.

내 이야기는 안 들어 보는 게냐?

어, 백마와 함께 나타난 걸 보니…….

박혁거세!

그래. 내가 한반도의 최강자, 신라를 세운 시조 박혁거세니라.

이 백마가 하늘에서 내려온 거 맞아요? 페가수스는 서양에만 있는 줄 알았는데요?

어허, 무슨 소리? 날개 달린 말은 동양이 원조가 아닐까 하는데……. 하늘에서 내려온 백마는 하늘과 인연이 아주 깊다는 것을 말하는 거란다. 알에서 태어나고 몸에서 광채가 났다는 것은…….

아, 알아요, 알아요. 특별한 존재라는 거죠? 그런데요, 왕비가 된 알영이 계룡의 옆구리에서 태어난 건 좀 괴상해요.

용은 하늘을 날며 물에서 사는 신성한 동물 아니더냐? 온갖 생명이 태어나는 물과 신성한 하늘, 거기다 시간을 알리는 닭까지 합해진 계룡은 아주 신비스러운 동물이란 뜻이란다. 알영이 계룡의 옆구리에서 나왔다는 것은 아주 귀하고 특별한 존재란 걸 강조한 것이지. 그리고 우물에서 알영이 태어나는 건 물에서 생명이 태어난다고 믿었기 때문이란다.

아, 맞아요! 모든 생명체는 바다에서 생겨났잖아요?

아, 그래! 그러고 보니 알영만 물하고 관계있는 게 아니네? 유화 부인도 하백의 딸이고, 허황옥도 바다를 건너오잖아? 그리고 미의 여신, 아프로디테도 물에서 태어났어!

동서양 공통점 발견! 와하~ 딴지양, 너 대단하다!

그러게~ 신화가 참 재밌는 거네?

아무렴. 신화 속엔 숨은 이야기가 많으니 찾는 재미가 쏠쏠할 게다. 나는 이만 하늘로 올라가 봐야겠다. 백마야~ 이리 오너라.

와아, 나도 저 백마 한 번 타보고 싶다~.

애! 저~기 까치가 날아오는데?

장난꾸러기 같은 영웅, 석탈해다!

껄껄껄~ 내 이미지가 좀 그렇지? 꾀를 하도 많이 내서 그런가 보다.

헤헤~ 무례를 용서하시옵소서. 그런데 태어나자마자 바다에 버려지다니 너무 안 됐어요. 나 같으면 아버지를 엄청 원망했을 거예요.

갈 곳 없이 망망대해를 떠도는 건 정말 두려운 일이었지. 그러나 하늘이 보호해서 까치가 길잡이가 되어 주었고 무사히 신라에 도착했으니 원망은 바다에 던져 버렸단다.

와아, 호탕하시네요.

뭐 호탕해서라기보단 원망과 두려움이 크면 새로운 땅에서 꿈을 펼칠 수가 없어서 그런 거지.

석탈해님, 자기 꿈을 펼치자고 남의 집을 속임수로 빼앗은 건 나쁜 거 아녜요?

그건 변명을 좀 해야겠다. 내가 신라에서 의지할 분은 나를 구해준 아진의선 할머니뿐이었다. 그래서 나를 도와줄 사람을 찾았는데 그 사람이 바로 신라의 관리인 호공이었지. 호공도 나처럼 바다를 건너 와 출세한 사람이었기에 도와줄 것이라고 생각했거든. 그래서 호공이 사는 집을 우리 조상이 살던 집이라고 억지를 부렸던 게야.

호공은 내 뜻을 알아차렸는지 흔쾌히 집을 내어주더구나. 마음과 마음이 통했던 거지, 속임수가 아니란다. 소문은 내가 바란 대로 바람처럼 빠르게 왕의 귀에까지 들어갔어. 내 지략이 마음에 든 왕은 당장 사위로 삼아 주었고 신라의 왕까지 된 거란다. 호공의 고마움도 잊지 않고 제일 높은 자리를 내주었으니, 나쁜 것만은 아니지 않느냐?

지략 하나로 아무것도 없는 사람이 다 가지게 된 거네. 와~ 부럽다.

건국 영웅도 아니면서 잘난 체는 여전하구먼! 그래 봤자 나, 김수로가 그대를 살려 주지 않았다면 역사에 이름을 남기긴 어려웠을 거요.

오, 금관가야의 김수로! 그러나 그건 가야 쪽 기록이니 믿을 만한 것이 못 되오.

어허, 참새로 변신했을 때 그냥 홀랑 잡아먹…….

아이, 두 분 왜 이러세요? 저는 우리 신화 영웅들이 피 흘리며 싸우지 않고 변신술로 겨루기를 하는 게 멋졌는데요? 그리고 지면 깨끗하게 물러나는 것도 참 좋았고요. 뭐, 전쟁을 그렇게 이야기한 거라는 말도 있지만 평화를 사랑한 영웅들! 이렇게 생각하고 싶단 말이에요.

그래, 그래! 우리 건국 영웅들이 좀 멋있긴 하지. 석탈해, 내 말이 좀 지나쳤소이다.

가야가 나라는 빨리 망했어도 신화는 제일 길고 멋지던데요? 그런데 "거북아, 거북아, 머리를 내밀어라. 머리를 내밀지 않으면 구워 먹으리." 이건 무슨 뜻이에요?

딴지양, 거북이는 신령스런 동물이라 함부로 할 수 없는데도 빨리 머리를 내밀지 않으면 아예 구워 먹겠다고 하잖느냐? 빨리 왕을 보내달라는 뜻이지. 왕을 기다리는 마음이 그만큼 간절했다는 게야.

별 이상한 노래가 다 있다고 생각했는데 나라를 빨리 세우고 싶단 거였네요?

하지만 여섯 알에서 나온 사람들이 다 다른 나라를 세워서 가야가 삼국에 못 든 거라던데요?

안타깝게도 그렇게 됐구나. 여섯 개의 알이 나왔다는 건 가야에 아주 강력한 왕권이 없었단 이야기지. 여섯 영웅이 가야를 나눠 다스리니 이웃 나라였던 백제와 신라에게 이용당하다 결국 정복당하고 말았으니까…….

어느 신화나 다 역사가 숨어 있나 봐요. 고조선 신화도 그랬는데…….

김수로 님, 허왕옥이라는 왕비가 진짜 인도 아유타국 공주예요?

증거를 보여 달라는 거로구나? 인도가 얼마나 먼 곳인데 그 옛날에 가야까지 왔겠느냐, 이 말 아니냐?

넵! 정말 의심스럽거든요.

인도의 아유타국 공주는 인도에서 배를 타고 단번에 올 수는 없었겠지만 여러 나라를 들러서 가야에 온 거라면 이해하겠느냐? 그리고 왕비가 인도의 공주라는 결정적인 증거가 지금까지도 남아 있단다.

헉, 그게 뭔데요?

왕비의 무덤에 있는 파사석탑이지. 이 탑은 네모반듯한 오층탑인데 한반도에서는 나지 않는 인도의 돌이라는 게 밝혀졌다는구나. 이제 신화가 허무맹랑한 이야기라고만 할 수는 없을 게다.

진짜 그러네요.

김해수로왕릉

수로왕비릉

파사석탑

여러 건국 영웅들이 이렇게 이야기를 들려주시니 신화를 잘 이해할 수 있게 됐어요. 감사하옵니다!

허허허, 말투가 갑자기 의젓해졌구나.

저도 감사드리옵니다. 살펴 가시옵소서.

그래, 그래. 우리 이야기에 귀 기울여 줘서 기특했느니라. 그럼…….

가셨느냐?

풉! 이 말투 재미있지? 중독될 거 같아.

그렇사옵니까? 우리도 이만 돌아가야 할 것 같사옵니다.

그러시지요. 크크크.

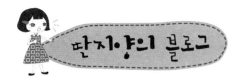

우리 신화 멋지다

신화가 역사를 바탕으로 했다지만 믿기 어려운 게 너무 많았다. 그런데 건국 영웅들의 이야기를 직접 들어 보니 그 사람들이 겪은 이야기를 신비스럽게 써서 그렇지, 사실이 아닐까 하는 생각이 들었다.

우리 신화가 참 재미있고 멋졌는데 특히 가야의 신화가 멋졌다. 수백 명의 사람들이 노래를 부르며 땅을 두드리자 하늘에서 한 줄기 빛이 비치며 황금 상자가 내려오는 장면은 영화의 한 장면 같다. 그리고 인도의 공주를 맞이하는 장면을 상상해 보니 정말 화려하다는 생각이 들었다. 파란 바다에 붉은 돛대를 단 수십 척의 배가 쪽빛 깃발을 휘날리며 달려오고, 육지에선 말 탄 군인들이 횃불을 들고 막~ 달려가는 장면은 정~말 환상적이다. 거기다 군인들이 노를 치켜들고 환영의 함성을 질러 댔다니, 공주는 얼마나 좋았을까!

그런데 아쉬운 건 여자 영웅들이 단 한 명도 없다는 거다. 유화 부인, 소서노, 알영, 허황옥은 남자 영웅들을 도와주는 일만 했다. 옛날이라고 남자들만 훌륭하지는 않았을 텐데……. 혹시 일부러 빠뜨린 건 아닐까?

댓글 5개

댓글을 입력해 주세요.   **등록**

✓ **인기순** 최신순

🙁 딴지양 말이 맞아. 왜 여자 영웅이 한 명도 없는 거야, 안 적은 거야?
정말 수상해.

🙂 가야 신화가 멋지다는 생각을 하는 아이가 또 있다니 반갑다!
나도 그렇게 생각하거든. 그리고 옛날엔 김수로가 허왕옥을 맞이하는 장면을
해마다 재연했대. 최근에 다시 한다니 김해로 같이 보러 가지 않을래?

🙁 신화에 돛대와 깃발의 색깔까지 다 기록이 되어 있어? 믿기 어려운데…….

😁 와~ 딴지양! 너는 도대체 어떤 책을 읽는 거니? 처음 듣는 이야기들이
많은데 정말 재밌다!

😮 가야는 삼국에도 끼지 못했는데 신화는 아주 거창하다. 제일 나중에
만들어져서 그런거 아냐? 가야는 기원후 42년에나 세워지잖아!

진짜, 영웅들이야

　나는 신화가 사실인가, 아닌가는 중요하지 않다고 생각한다. 왜냐하면 신화 속에 숨은 이야기가 더 의미 있기 때문이다. 깊은 의미를 알게 되니까 우리 신화가 다르게 보였다.

　우리의 건국 영웅들은 신분이 높고 재주가 뛰어나다는 것만으로 왕이 되는 건 아니었다. 보통 사람처럼 고통을 당하다 그걸 이겨내야 비로소 왕이 되었다. 내가 제일 좋아하는 영웅인 주몽은 무예가 뛰어나서 부여의 왕자들에게 시기와 괴롭힘을 많이 당했다. 그럴 때 편들어 줄 아버지도 없고 어머니는 쫓겨난 사람이어서 주몽은 기댈 곳도 없는 외톨

이 같았다. 그리고 부여에서 도망쳐서도 여러 가지 시련을 당했다. 수많은 어려움을 이겨낸 끝에 나라를 세웠던 거다.

나는 건국 영웅들이 갖은 고생을 겪은 다음에야 왕이 되는 것이 가장 좋았다. 진짜 영웅처럼 느껴졌기 때문이다. 자격이 있어야 왕이 된다는 우리 신화가 나는 정말 좋다.

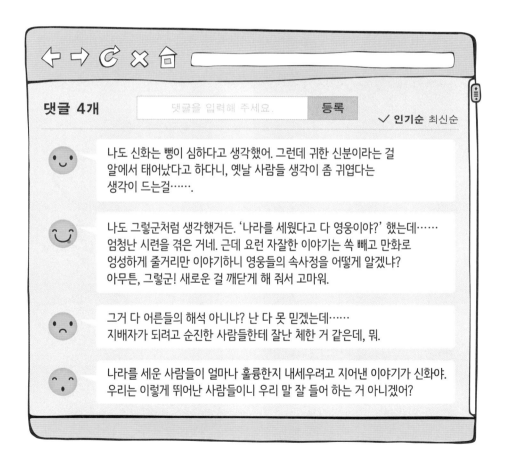

댓글 **4개**   댓글을 입력해 주세요.   **등록**

✓ **인기순** 최신순

나도 신화는 뻥이 심하다고 생각했어. 그런데 귀한 신분이라는 걸 알에서 태어났다고 하다니, 옛날 사람들 생각이 좀 귀엽다는 생각이 드는걸……

나도 그렇군처럼 생각했거든. '나라를 세웠다고 다 영웅이야?' 했는데…… 엄청난 시련을 겪은 거네. 근데 요런 자잘한 이야기는 쏙 빼고 만화로 엉성하게 줄거리만 이야기하니 영웅들의 속사정을 어떻게 알겠냐? 아무튼, 그렇군! 새로운 걸 깨닫게 해 줘서 고마워.

그거 다 어른들의 해석 아니냐? 난 다 못 믿겠는데…… 지배자가 되려고 순진한 사람들한테 잘난 체한 거 같은데, 뭐.

나라를 세운 사람들이 얼마나 훌륭한지 내세우려고 지어낸 이야기가 신화야. 우리는 이렇게 뛰어난 사람들이니 우리 말 잘 들어 하는 거 아니겠어?

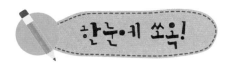
영웅들은 이곳에 나라를 세웠어

백제나 신라, 가야는 너른 들이 있는 풍요로운 곳에 나라를 세웠어. 하지만 고구려는 산으로 둘러싸인 척박한 땅에서 일어났지. 어려움을 이겨내며 강해진 고구려 사람들은 한반도의 지킴이였단다.

졸본성(오녀산성)

나 고주몽은 졸본에서 소서노의 도움으로 고구려를 세웠어. 고구려 사람들은 부지런하고 용감해서 주변지역을 정복하면서 강한 나라가 되었지.

위례성(풍납토성)

나 온조와 어머니 소서노는 한강 유역에 자리를 잡고 백제를 세웠어. 이미 살고 있던 마한의 여러 부족들을 정복하면서 백제는 강해졌단다.

고구려

서라벌 나정

여섯 촌장이 알에서 나온 나 박혁거세를 도와 한반도 끝자락인 서라벌에 나라를 세웠어. 하지만 고구려와 백제를 아우르고 중국, 일본, 바다 건너 서역과 교역하면서 천 년 왕국 신라로 성장했지.

김해 구지봉

철이 많이 나는 낙동강 주변 풍요로운 땅에 여섯 가야가 세워졌지. 나 김수로는 금관가야의 왕으로 중국, 낙랑, 왜와 교역하면서 수준 높은 문화를 만들었어.

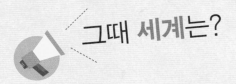

그때 세계는?

나라마다 재미있는 건국 신화가 있었지

세계 곳곳에서 나라를 세운 이들은 보통 사람들과 달리 아주 특별했어. 모두 태양신이나
바다신, 산신의 힘을 빌려 태어나거나, 동물의 보호를 받으며 나라를 세웠거든.

로마

전쟁의 신과 공주 사이에서 쌍둥이가 태어났
는데 버려지고 말았대. 그 아이들을 늑대가 키
웠는데 나중에 로마를 세우는 영웅이 되었지.

이집트

하늘의 신인 오시리스가 이집트의 왕이야. 하
지만 이복동생에게 죽임을 당해 나일과 저승
을 다스리는 신이 되었는데 이집트인의 사랑
을 많이 받았대. 죽으면 다들 이 신을 만나야
했으니까!

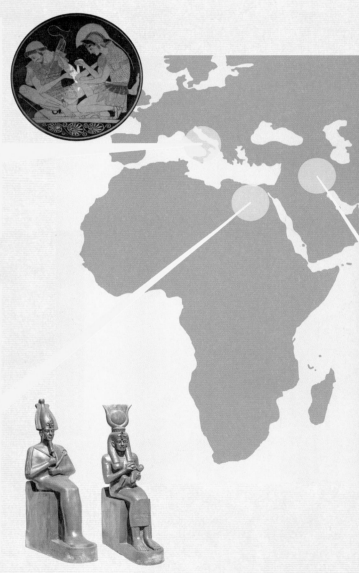

중국

알에서 태어난 반고라는 거인이 하늘과 땅을 창조하고 삼황오제가 사람들을 모아 나라를 세웠대. 이들이 사람들에게 불을 가져오고 사냥과 농사짓는 법을 다 알려 주었지.

일본

이자나기와 이자나미 두 신이 혼인하여 세상과 일본을 만들었대. 그중에 태양신 아마테라스가 손자인 니니기노에게 청동검, 청동 거울, 옥구슬을 주며 나라를 다스리게 했지. 너희의 단군신화와 비슷하지 않니?

메소포타미아

이 지역엔 길가메시란 영웅이 있었어. 길가메시는 반은 사람이고 반은 짐승으로 힘이 아주 세었대. 그 힘으로 백성을 괴롭히다 사람은 영원히 살 수 없다는 걸 깨닫고 지혜로운 왕이 되었다더라고.

4세기
백제의 전성기
근초고왕

5세기
고구려의 전성기
광개토대왕

6세기
신라의 전성기
진흥왕

612년
수나라, 고구려 침략

645년
당나라, 고구려 침략

2장

한강의 주인이 최강자였어

나는 한강이야.
고구려, 백제, 신라는 나를 차지하기 위해
온 힘을 다해 싸웠어. 700여 년을!
도대체 왜 그런 걸까? 궁금하지?
헤엄치는 물고기처럼 나를 따라와 봐~~~

한강이 들려주는 삼국 전쟁 이야기

출렁~출렁~『호락호락 한국사』를 읽는 친구들, 안녕? 나는 한강이야. 나, 한강은 한반도의 허리를 가로질러 흐르는 거대한 강이지. 태백산과 금강산의 작은 골짜기에서 시작해서 수많은 하천을 품으며 흐르기 때문에 수량이 아주 풍부해. 한반도의 4분의 1을 차지할 만큼! 대단하지? 자랑거리는 이것만이 아니야. 그러나 그 이야기는 천천히 할게. 나는 한반도의 보물이었기 때문에 고대 왕국인 고구려, 백제, 신라는 나를 차지하려고 죽기 살기로 싸웠어. 700년 동안이나! 나는 그 치열한 전쟁 이야기를 하러 나왔어.

한강의 첫 주인, 백제

한강은 살기 좋은 곳이라 구석기 때부터 사람들이 모여들었지. 그리고 벼농사가 시작되고부터 내 인기는 하늘을 찔렀어. 한참을 수십 개의 작은 나라들이 모여 살면서 마한이라 부르대? 그러던 어느 날

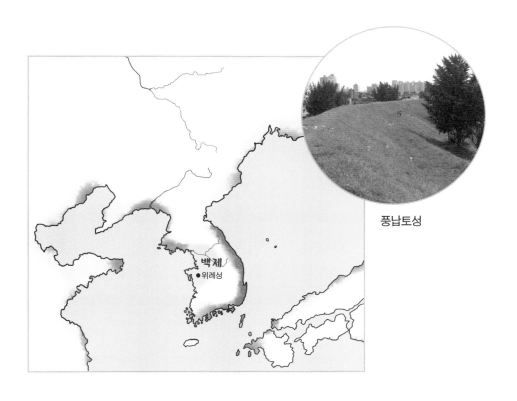

풍납토성

나이가 지긋한 귀부인과 두 형제가 와서 나를 살펴보더니 동생인 온조가 내 근처에 위례성을 쌓고 백제라는 나라를 세우더구나. 형 비류는 서해 쪽에 나라를 세웠다가 다시 돌아왔어. 아무래도 강 주변이 농사 짓기는 좋았을 테니까.

처음 백제가 세워질 때는 어려움이 아주 많았어. 먼저 세워진 작은 나라들이 백제가 커지는 것을 두고 보지 않았지. 그러나 발 디딜 곳도 마땅치 않을 만큼 약했던 백제는 이웃한 나라들과 싸우기도 하고 때로는 힘을 합치기도 하면서 마한 지역의 강자가 되었어. 한강 지역은 농사가 잘 되었기 때문에 생산량이 아주 많았는데 그게 나라

의관
남자들이 머리부터 발끝까지 잘
갖추어 입은 옷이란다.

의 힘이 됐던 거야. 백제의 자신감은 바로 나, 한강
에서 나온 거라고!

백제가 세워진 지 200여 년이 넘으니까 나라의 기
틀이 잡혔어. 고이왕이 각 지역의 힘 있는 부족장들
에게 관직을 주면서 왕에게 충성을 바치게 했지. 왕은 관리들의 등급
에 따라 입는 옷의 색깔도 정해 주었어. 높은 관리는 은으로 만든 장
식을 단 모자에 검붉은 색의 옷을, 그 다음의 관리는 진한 분홍색을,
낮은 관리는 푸른색 옷을 입도록 했지. 왕이 하라는 대로 신하들이
옷을 입는 걸 보니 정말 왕의 힘이 강해진 거 같더라. 그리고 멀리서
봐도 품계를 한눈에 알아보겠던걸?

왕은 검붉은 색의 소매 자락이 넓은 도포에 푸른 비단 바지를 입
었어. 허리에는 흰 가죽 띠를 매고 검은 가죽신을 신었지. 머리엔 금
으로 만든 화려한 장식을 단 검은 비단 관을 썼는데, 저절로 머리가
조아려질 만큼 왕의 품격이 느껴졌어.

이렇게 좌악~ 의관을 갖춰
입은 왕과 신하들이 모여서 나
랏일을 보니까 백제가 다시 보
이던데? 그리고 관리들이 뇌
물을 받거나 백성의 재물을 빼
앗으면 그 3배를 물어내게 하
고 평생 갇혀 지내게 하는 법
도 만들었어. 고이왕은 관리가

입는 옷을 정해 주고 법을 만들면서 나라의 기틀을 꽉 잡은 거야.

4세기 백제의 영웅, 근초고왕

고이왕 때 나라의 기틀이 잡히자 근초고왕 때는 한반도에서 가장 강한 나라가 되었어. 고구려가 가장 강한 나라가 아니었냐고? 물론 강한 나라이긴 했지만 드세고 싸움도 잘하는 북쪽의 기마 민족들하고 다투느라 고구려는 한동안 어려움도 많이 겪었어. 그리고 그때 고구려는 고국원왕이 다스리고 있었는데 중국 연나라의 침략으로 성이 함락당하고 수많은 병사들을 잃었지. 그뿐만 아니라 연나라가 아버지인 미천왕의 무덤을 도굴해서 시신을 끌고 가고, 어머니와 왕비까지 포로로 잡아 가서 고구려는 수모와 위기를 겪고 있었단다.

근초고왕은 이런 기회를 놓치지 않았어. 고구려와 백제는 황해도 지역에서 국경을 마주하고 싸우고 있었거든. 근초고왕은 보란 듯이 한강 변에서 황색 깃발을 휘날리며 백제군의 힘을 자랑하더니 3만의 군대를 이끌고 고구려의 평양성으로 쳐들어갔지. 고국원왕은 죽을힘을 다해 싸웠지만 기세등등한 백제군의 화살에 맞아 그만 전사하고 말았어. 이 사건은 이 땅의 강자가 누구인가를 보여 준 큰 사건이었고 이후 한반도에 몰아칠 큰 전쟁의 시작이었지.

근초고왕은 고구려를 치기 전에 이미 마한 지역을 통합하고 가야가 있는 남해안 지역까지 세력을 넓힌 정복왕이었어. 한강에서 일어난 해상왕국답게 서해와 남해를 넘나들며 지금의 중국 땅인 요서 지방과 산둥반도, 일본의 규슈까지 활발하게 교류했지. 육지와 바다를 아우르는 백제를 꿈꾸던 근초고왕은 외교 능력도 뛰어나 중국의 동진과 문물을 주고받고 일본과도 좋은 관계를 유지했어. 특히 일본에는 왕인과 아직기를 보내 논어와 천자문을 전해 주었지. 그리고 모든 나쁜 일을 물리친다는 글을 금으로 새긴 칠지도라는 칼도 선물로 주었어. 백제와 일본은 이때부터 절친이 되었다나 봐.

근초고왕은 단순히 땅을 넓힌 정복왕이 아니라 바다를 통한 교역으로 백제를 부유한 해상왕국으로 만든 위대한 왕이었어! 전성기를 맞은 왕은 그 영광을 꼭 기록하고 싶어 하지. 근초고왕도 고흥박사에게 역사책을 만들어 후세에 전하도록 했단다. 그 역사책의 이름은 『서기』였는데 지금은 사라져 전하지 않는다고 하니 참 안타까운 일

칠지도

4세기 백제 전성기

이야. 그래서 백제를 수수께끼 왕국이라 한다며? 백제는 4세기에
이미 강성한 해상왕국이었는데 말이야. 그 모습을 지도로 꼭 확인
해 보렴.

동북아시아의 강자, 고구려

고구려가 세워진 지역은 사나운 유목 민족 그리고 인구가 아주 많
은 한족과 다투어야 하는 곳이었어. 전쟁을 하면서 강해지는 것은 고

졸본의 오녀산성

구려의 운명이었지. 그래서인지 최초의 도읍지가 들어선 졸본 땅에서도 해발 800미터나 되는 절벽 위에 졸본성(홀본성)을 세웠어. 깎아지른 절벽에 도읍지를 세워야 드세고 수가 많은 외적이 쳐들어와도 끄떡없이 지켜낼 수 있기 때문이야. 그래서 고구려를 산성의 나라라고도 하지.

전쟁이 일어나면 성 주변에서 농사 짓던 백성들이 한 치의 흐트러짐도 없이 성안으로 모여들었대. 인구가 많지 않은 고구려가 주변의 외적으로부터 나라를 지킬 방법은 성을 단단하게 쌓고 평소에 무예를 갈고 닦아 한마음으로 싸우는 거였어.

유리왕의 슬픈 선택

고구려 하면 맨 처음 떠오르는 생각이 '강한 나라'지만 고구려도 처음부터 강했던 건 아니야. 주몽에게 나라를 물려받은 유리왕의 이야기니까 나라가 세워진 지 얼마 안 되었을 때였지. 유리왕에게는 해명이라는 힘이 세고 패기만만한 태자가 있었지. 그 태자의 생일에 이웃 나라인 황룡국에서 활을 선물로 보냈어. 황룡국은 평소 고구려를 업신여기는 나라여서 태자는 기를 꺾을 생각으로 보란 듯이 그 활을 사신 앞에서 꺾어 버렸대. 이 소식을 들은 유리왕은 크게 화가 났어. 백성을 안전하게 살게 하는 것이 왕의 도리인데 힘자랑을 하다가 이웃 나라의 원한을 샀으니 태자에게 자결하라고 했지.

왕의 명령을 받아들인 해명 태자는 창을 땅에 거꾸로 꽂아 두고 힘차게 말달려 스스로 창에 찔려 죽었어. 고구려인답게 장렬한 최후를

마친 태자를 유리왕은 정성껏 장례를 치러 주었지.

그런데 왜 유리왕은 스물한 살의 꽃 같은 태자에게 그런 명령을 내려야만 했을까? 해명 태자는 황룡국이 교만하다는 걸 일깨우려던 것뿐인데…….

이 슬픈 이야기 하나만 보더라도 처음엔 고구려가 강하지 않았다는 걸 알 수 있지 않니? 주변에 강한 나라들이 너무 많아서 나라를 세운 지 얼마 되지 않은 고구려는 눈치를 봐야 했던 거야. 그것을 잘 알았던 유리왕은 태자의 용맹함이 나라를 위태롭게 할까 봐 두려웠던 거지.

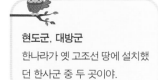

현도군, 대방군
한나라가 옛 고조선 땅에 설치했
던 한사군 중 두 곳이야.

200여 년쯤 지나자 고구려에도 정복 전쟁을 벌이는 용맹한 왕이 나타났어! 광개토대왕이라고? 아니, 고구려에 용맹한 왕이 광개토대왕밖에 없는 줄 아니? 날 때부터 눈을 뜨고 태어났다는 태조대왕도 있었단다. 태조대왕은 옥저를 정복하고 한나라의 현도군과 대방군을 공격해서 정복왕의 위엄을 보여 줬지. 이렇게 왕권을 강화하면서 고구려는 고대 국가의 기틀을 잡아갔어.

고국천왕과 을파소의 진대법

그런데 고구려도 부족들이 힘을 합쳐 세운 나라여서 귀족의 힘이 아주 셌어. 귀족들이 권세를 마음껏 휘둘러 부정부패도 심했지. 이것을 보다 못한 고국천왕은 시골에 묻혀 있던 을파소를 재상으로 삼고 '귀하고 천함을 가리지 않고 복종하지 않으면 다 죽이리라'는 엄한 명령을 내려 관리들이 잘못한 것을 바로잡아 나갔어.

이렇게 개혁을 힘 있게 밀어붙이는 고국천왕과 능력 있는 을파소 재상이 만나서 역사에 길이 남을 일을 했는데 그건 가난한 사람을 도와주는 진대법을 만든 거야.

하루는 고국천왕이 사냥을 나갔다가 울고 있는 젊은이를 보게 됐어. 우는 까닭을 물으니

"가난하나마 품을 팔아 어머니를 봉양했는데 흉년이 들어 품을 팔곳도 없으니 이제 우리 어머니를 어찌 모십니까요?"

이런 백성들의 딱한 사정을 들은 고국천왕은 불쌍한 사람들을 찾

아 도와주라고 명령했어. 그리고 백성들에게 봄에 곡식을 꾸어 주고 추수가 끝나면 이자를 얹어 갚게 했지. 덕분에 봄에 양식이 떨어진 백성들이 귀족에게 몸을 팔아 노비가 되는 것을 막을 수 있었고 왕의 힘은 강해졌어. 노비가 재산이었던 귀족들은 싫어했지만 백성들은 크게 기뻐했지. 모르긴 해도 이렇게 백성을 구제하는 훌륭한 제도가 있었다는 기록은 세계 역사상 고구려가 처음이지 않았나 싶어. 그때 가 2세기 말이었으니까 말이야.

소수림왕의 고구려 다시 세우기

고구려는 4세기에 한반도의 강자 자리를 백제에게 내주었지. 하지 만 5세기가 되자마자 그 자리를 빼앗았을 뿐만 아니라 동북아시아의 강자가 되었어. 이제 드디어 광개토대왕이 나오는 거냐고? 아니, 아 직! 기다린 김에 쪼금만 더 기다려 봐.

북쪽 기마 민족과 백제 근초고왕의 침략으로 고구려가 휘청거렸다고 했잖아? 이 위기를 잘 극복하고 고구려를 다시 일으켜 세운 왕은 소수림왕이었어. 소수림왕의 위기 극복 전략은 세 가지였지. 먼저 연나라를 무너뜨린 강력한 나라 중국의 전진과 외교 관계를 맺고 불교를 받아들였어. 그때는 불교를 공인했다는 건 왕이 부처님만큼이나 존귀한 존재이며 백성들의 믿음을 결정할 만큼 권력이 강해졌다는 뜻이지. 그리고 무예와 학문을 가르치는 '태학'이라는 교육 기관을 만들어 인재를 키웠어. 전쟁에서 이기려면 군대를 잘 이끌 젊은 이들이 필요했기 때문이야. 율령도 널리 알려 나라의 명령을 다 따르도록 했는데 율령이란 나라를 다스리는 법과 제도를 말하는 거야.

소수림왕이 불교 **공인**과 율령 **반포**로 왕권을 강화하고 태학으로 인재를 키워 다시 나라의 기반이 튼튼해지자 드디어, 광개토대왕이 뜻을 펼칠 수 있게 된 거란다.

5세기 동북아시아의 영웅, 광개토대왕

어린 시절부터 담대했던 광개토대왕은 18세에 왕위에 오르자마자 백제를 공격해서 할아버지인 고국원왕의 복수부터 했어. 한강에 있는 백제의 **요새**인 관미성을 함락시켰지. 관미성은 임진강과 한강이 만나는 곳에 있는 사면이 깎아지른 절벽이라 요새 중에 요새였는데도 말이야. 백제는 한성과 가까운 곳에 가장 위험한 적과 마주하게 된 거지. 턱 앞의 칼

공인
나라에서 인정한단 거지.

반포
세상에 널리 알린다는 뜻이야.

요새
적의 어떤 공격에도 견딜 수 있도록 잘 만들어진 지형이나 시설이지.

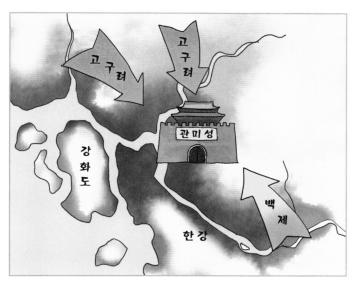

관미성 전투

날 같은 고구려를 내치기 위해 백제의 아신왕은 관미성을 되찾으려 했지만 번번이 실패했어.

상황이 뒤바뀌어 위기를 맞은 백제는 태자를 일본에 보내서 지원을 요청했지. 일본하고는 절친이었으니까. 그런데 그 사이 번개처럼 고구려군이 들이닥쳐 한성을 포위하고 자그마치 58개의 성과 700개의 촌을 빼앗아 버렸어! 크게 진 아신왕은 광개토대왕에게 신하가 되겠다고 했단다.

고구려가 점점 강해져 육로와 해로를 점령하자 백제만 피해를 본 게 아니라 가야도 교역이 막혀 답답했어. 그러자 백제는 가야와 왜(일본)가 연합해서 신라를 공격하도록 부추겼지. 그러면 신라와 친한 고

왜
일본을 왜라고 부르다 7세기부터 일본이라고 부르기 시작했어.

67

구려가 그 전쟁에 끼어들어 힘이 빠지게 될 거라고 생각했거든. 백제와 고구려의 싸움에 애꿎게도 힘이 약한 나라들이 이용당하게 된 거지.

백제의 도움을 받으며 가야와 왜가 신라를 공격하자 광개토대왕이 5만이나 되는 군대를 보냈단다! 고구려군은 가야와 왜를 끝까지 추격해서 왜는 제 나라로 쫓겨 가고, 가야는 멸망 직전까지 갔어. 신라는 나라를 구해 준 고구려의 눈치를 봐야만 했지. 고래 싸움에 새우등 터진다는 이야기는 바로 이런 상황을 말하는 거야.

여기서 잠깐! 광개토대왕에 맞서다 신하가 되겠다고 했던 백제의 아신왕이 참 못나 보이지? 그러나 사실 아신왕은 기백과 지략을 두루 갖춘 왕이었어. 역사의 맞수인 광개토대왕이 세도 너무 셌기 때문에 한 번도 이긴 적이 없는 비운의 왕이 된 것뿐이야. 계속 지기만 하면서도 전쟁을 끝내지 않자 백성들마저 등을 돌리며 왕을 원망했지. 옛 땅을 되찾으려 애쓰던 아신왕은 결국 울분 속에 세상을 뜨고 말았단다.

광개토대왕은 뛰어난 전투력으로 한반도의 남쪽을 무릎 꿇리고 북방의 연나라, 거란, 숙신, 부여를 휩쓸며 동북아시아의 최강자임을 만천하에 알렸어. 영원한 즐거움을 뜻하는 '영락'이라는 연호를 쓸 만큼 고구려는 강대국으로 성장했지. 중국의 주변 나라들은 중국의 연호를 썼지만 고구려는 천하의 중심이라는 자신감에서 고구려만의 연호를 쓴 거란다.

연호
황제가 즉위한 해에 붙이는 칭호야. 광개토대왕 즉위 1년은 영락 1년. 즉위 2년은 영락 2년으로 불렀어.

광개토대왕은 땅의 크기만 불리는 잔혹한 정복왕이 아니었어. 소금이 나는 강과 비옥한 땅을 정복해서 백성들의 삶을 풍요롭게 해 주었거든. 옛날엔 소금이 금만큼이나 귀한 것이었고 기름진 땅은 백성들의 배를 불렸으니 고구려인들은 광개토대왕의 은혜가 하늘 같다고 우러러봤지. 고구려가 중심이 된 세상에서 정복한 곳의 백성들이 다 함께 영~원히 즐겁게 사는 것이 광개토대왕의 큰 꿈이었대. 그런데 광개토대왕은 서른아홉이라는 이른 나이에 죽음을 맞았어. 아들인 장수왕은 광개토대왕비를 세워 아버지의 업적을 기렸지.

5세기 고구려 전성기

광개토대왕릉비

고구려 최대 영토를 자랑한 장~수왕

이즈음에서 문제 하나 내볼까? 고구려의 영토가 가장 넓었을 때는 광개토대왕 때일까, 장수왕 때일까? 광개토대왕? 땡! 답은 장수왕이야. 왜 그런지 그 이야기를 들려줄게. 한강 북쪽의 땅을 잃은 백제는 고구려에 대한 경계를 늦추지 않았어. 장수왕 또한 백제를 치기 위한 공격을 멈추지 않았지. 그래서 보란 듯이 400여 년간 고구려의 수도였던 국내성에서 평양으로 수도를 옮겼어. 졸본에서 일어났던 고구려는 유리왕 때 이미 국내성으로 도읍지를 옮겼는데 한 번더 천도를 한 거야. 이건 고구려가 남쪽을 정벌하겠다는 의지를 확실하게 드러낸 거라 백제의 개로왕은 바짝 긴장했지. 그래서 위기를 벗어나기 위해 중국의 위나라에게 고구려를 함께 치자고 했지만 거절당했어. 이 사실을 안 장수왕은 노발대발하며 아주 특별한 전략을 쓰기로 했단다.

바둑 마니아인 개로왕에게 고구려의 바둑 왕, 도림이라는 승려를 간자로 내려 보냈어. 간자란 스파이를 말하는 거야. 도림은 고구려에서 죄를 짓고 도망 온 것처럼 속이고 왕에게 접근해서 바둑으로 마음을 사로잡았어. 개로왕은 두 나라에서 살아 본 도림에게 백제가 고구려보다 부족한 것이 무엇이냐 물었지. 도림은

"대왕의 나라가 하늘이 내린 요새이지만 성곽도, 궁궐도 수리되지않아 위엄이 서지 않습니다"

라고 대답했어. 개로왕은 이 말을 듣고 어찌했을까? 바로 거대한공사에 들어갔지. 사실 고구려의 침략으로 왕권도 약해지고 궁궐도

허물어져 있었거든. 도림은 궁궐을 새로 지어 왕권을 세우고 싶어 하는 개로왕의 마음을 읽었던 거야.

　그런데 이 공사 때문에 창고는 비고, 백성은 더 살기 힘들어졌다는 게 문제였어. 도림은 눈썹이 휘날리게 고구려로 돌아가 공격의 시기는 바로 지금이라고 알렸지. 장수왕은 기다렸다는 듯이 3만의 군사를 이끌고 한성을 포위했어. 고구려군이 사방에서 쳐들어와 바람 따라 불을 질러대니 성문은 불에 타고 백성과 개로왕은 어쩔 줄을 몰라 했지. 간신히 빠져나간 태자가 신라에게 구원을 청하여 1만의 군사를 몰고 달려왔을 때는 개로왕은 도망치다 잡혀서 처참하게 살해당한 뒤였단다.

　왕이 살해당하는 큰 위기를 맞자 백제는 500여 년 정든 한성을 등

고구려 최대 영토

충주 고구려비

71

천도
도읍을 옮기는 것을 말해.

지고 웅진(공주)으로 눈물의 **천도**를 해야 했어. 고구려는 충주에 고구려비를 세우며 힘을 과시했지. 이제 한반도, 아니 동북아시아의 강자는 누가 봐도 고구려임이 확실했어. 한강의 두 번째 주인공 고구려는 최대의 영토를 자랑하며 천하를 호령했단다.

떨치고 일어나는 신라

한반도 끝자락, 호랑이 꼬리 같은 지역에 나라를 세웠던 신라는 삼국 중에서 가장 뒤처졌어. 고구려처럼 대륙으로 뻗어 나갈 수도 없

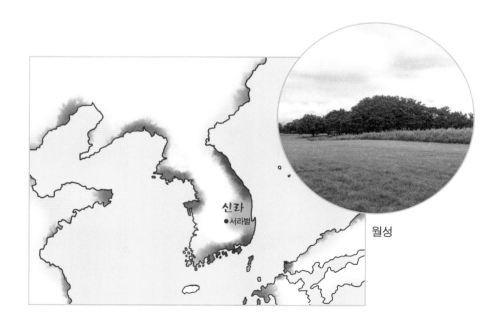

월성

고 백제처럼 한강을 차지한 것도 아닌 데다 걸핏하면 다른 나라가 쳐들어와 숨죽이며 살아야 했지. 심지어 가야처럼 넓은 평야와 질 좋은 철 산지가 있는 것도 아니어서 오랫동안 약소국의 서러움을 삼켜야만 했단다.

조공
약소국이 큰 나라에 때마다 다양한 물품을 보내는 거야.
속국
힘이 강한 나라의 뜻을 따라야 하는 나라야.

4세기 후반부터 시작된 고구려와 백제의 다툼에 엮이면서, 5세기 초 신라는 가야와 왜 연합군의 침략을 받았다고 했잖아? 그때가 내물 마립간 때였는데 신라 성안엔 왜인이 가득하고 성곽이 파괴되어 나라가 멸망할 지경이었대. 다급했던 내물 마립간은 고구려에게 구원 요청을 했고, 광개토대왕이 군사를 이끌고 내려와 가야와 왜를 몰아내 주었잖니? 이 일로 신라는 고구려에 조공을 바치며 속국처럼 살았는데 드디어 벗어날 방법을 찾았어!

고구려의 장수왕이 계속 남쪽으로 진출하려고 하자 같은 두려움을 가진 백제와 신라는 힘을 합치기로 했던 거야. 나제 동맹을 맺어 고구려에 함께 대항하기로 했지. 번개처럼 날쌘 고구려군의 기세를 경험한 신라는 산성을 단단히 쌓으며 앞으로의 전쟁에 대비했어.

신라의 왕권 세우기

왕을 중심으로 나라의 힘을 하나로 모아야만 강한 나라가 될 수 있었잖아? 그래서 신라도 왕권을 강화하기 시작했어. 지증왕 때부터는 부족장들의 우두머리라는 뜻의 마립간 대신 왕이라는 호칭을 쓰고, 이때부터 나라 이름을 서라벌이 아닌 신라라고 했지. 그리고

전통 신앙
옛날부터 오랫동안 믿어 왔던 신앙으로 동물이나 바위, 나무에 신이 있다고 믿었대.

이사부를 장군으로 삼아 우산국(울릉도)을 정벌해서 조공도 받고 소를 이용해 농사를 지어 생산량도 늘려 갔어.

법흥왕 때는 율령을 널리 알리고 관리들이 입는 옷도 정해 주었지. 이건 백제의 고이왕이나 고구려의 소수림왕이 했던 일이잖아? 이렇게 나라의 기틀이 잡히면 전성기로 이어졌는데 이제 신라도 전성기로 이어지려나…… 아, 그런데 그만 불교를 받아들이는 부분에서 신하들의 강한 반대에 부딪치고 말았어.

신라에는 오랫동안 믿어 왔던 **전통 신앙**이 다른 나라보다 강했거든. 전통 신앙을 고집하는 신하들은 외국에서 들어온 불교를 인정하려고 하지 않았으니까. 그만큼 신라는 신하들의 힘이 강했던 거야. 그러자 이차돈이 왕에게 자신이 희생하겠다고 나섰어. 이차돈은 하늘에 제사 지내는 신성한 숲의 나무를 베어 내 절을 짓겠다고 했지. 그러면 신하들이 크게 반발할 텐데, 이때 왕은 모르는 척 이차돈이 제멋대로 저지른 일이라며 목을 베라는 명령만 내리면 된다고 했대. 자신의 목이 베어지면 신비한 일이 일어나 신하들이 불교를 받아들일 거라고 했는데, 정말 이차돈의 말대로 베어진 목에선 흰 피가 솟고 하늘에서는 꽃비가 내렸다는 거야. 그 모습이 어찌나 신비롭고 장엄하던지 신하들은 불교를 받아들이는 데 반대하지 않았다더라. 충성스

이차돈 순교비

런 이차돈 덕분에 불교까지 공인되면서 율령을 반포하고 관복을 제정했던 법흥왕은 왕권을 강화할 수 있었지.

6세기 신라의 영웅, 진흥왕

백제나 고구려보다 많이 늦었지만 왕권을 강화하자 신라도 힘이 생겨 떨치고 일어나게 되었어. 진흥왕이 한반도의 지도를 바꾸는 정복왕이 되었던 거야. 진흥왕은 백제의 영광을 다시 찾으려고 애쓰던 성왕과 손을 잡고, 고구려와 전쟁을 벌여 한강 유역을 빼앗았어. 그리고 사이좋게 한강의 상류 쪽은 신라가, 하류 쪽은 백제가 나눠 가졌지. 그러나 한강을 150년 만에 다시 찾은 성왕이 기쁨을 다 누리기도 전에 진흥왕은 백제가 차지했던 한강 하류를 빼앗아 버렸어. 한강을 반만 차지해서는 서해를 통해 중국과 교류하기 힘들었거든.

근초고왕 때의 영광을 되찾고 싶었던 성왕은 진흥왕의 배신에 치가 떨렸지만, 공주를 진흥왕의 후궁으로 보내면서까지 꾹~ 참았어. 평화를 원하는 것처럼 보이려 했던 거야. 그러나 얼마 지나지 않아 성왕은 태자에게 1만의 군사를 주어 신라의 요새인 관산성(충북 옥천)을 공격하게 했어.

아버지의 꿈을 잘 알았던 태자는 병사들과 제대로 자지도, 먹지도 못하면서 전투를 치렀지. 이 소식을 들은 성왕은 태자와 병사를 격려하기 위해 기병 50명만 데리고 관산성(충북 옥천)으로 달려갔대. 그런데 그 비밀스런 움직임을 어떻게 알았던지 신라군이 들이닥쳤지 뭐야? 간자가 있었던 거지. 끝내 성왕은 관산성 전투에서 전사하고 말았는데, 백제의 부흥을 이루지 못한 것이 한이라며 눈물을 뚝 뚝 흘렸다는구나. 왕을 잃은 백제군 역시 우왕좌왕하다가 3만 명이나 죽고 말 한 필도 살아 돌아가지 못했대. 너무나 처절한 패배였지.

성왕은 패배자가 됐지만 웅진에서 사비(부여)로 다시 도읍지를 옮기면서 백제의 부흥을 꿈꾸었던 포부가 큰 왕이었어. 그 꿈을 이루기 위해 노력을 아끼지 않았지. 그래서 백성들이 우러러보며 성스런 왕이라고 불렀대. 아마 우리 역사상 백성들이 이름을 지어준 왕은 성왕이 처음이자 마지막이었을 거야. 태자는 자신 때문에 아바마마가 돌아가셨다고 한동안 왕위에도 오르지 않았지. 성왕의 죽음은 백제인에게는 크나큰 슬픔이었단다.

하지만 경상도 일부에 지나지 않았던 신라는 한강을 차지한 다음 빠르게 세력을 넓혀 갔어. 백제와 가야의 항복을 받아낸 진흥왕은 거침없이 한강 유역, 함경북도, 경상도 전 지역까지 정복 활동을 펼쳤지. 그리고 정복한 땅을 돌아보면서 그 곳의 백성을 충성스런 신라 백성으로 받아들인다는 순수비를 세웠어. 특히 북한산에 세운 순수비는 신라가 한강을 다 차지했다는 것을 보여 주는 증거란다. 아마 성왕은 북한산 순수비를 보면 또 눈물을 뚝~뚝 흘릴지 몰라. 진흥왕의 교활한 배신이 생각나서 말이야. 하지만 신라는 진흥왕의 그 자랑스러운 이야기를 역사서인 『국사』에 기록했지.

그런데 신라가 이토록 눈부시게 성장할 수 있었던 힘은 어디에 있었을까? 아, 물론 나, 한강이 신라의 땅이 되면서 큰 힘이 되어주긴 했지! 그러나 화랑 제도도 큰 몫을 했다고 생각해. 신라에는 젊은이들이 산천을 여행하며 무예와 우정을 쌓아가는 화랑이라는 독특한 제도가 있었어. 강인한 체력과 정신력을 갖춘 화랑들 속에서 어진 재상과 충신, 훌륭한 장수와 용맹한 병사가 나와 신라를 전성기로 이끌었다고 『삼국유사』에서 당당히 밝히고 있거든.

6세기 신라 전성기

북한산 순수비

전쟁의 먹구름이……

신라가 강성해지자 이번엔 고구려와 백제가 손을 잡고 신라를 공격하기 시작했어. 삼국의 관계는 누가 강자인가에 따라 약자들끼리 동맹을 맺었기 때문에 정말 세 발 달린 솥처럼 팽팽하게 균형을 잡고 있었지. 그래서 700여 년이나 이어졌던 거 아닐까?

백성들이 성스런 왕이라 부르며 존경했던 성왕이 신라군에게 처참히 살해되자 백제는 틈만 나면 신라로 쳐들어왔어. 고구려 또한 빼앗긴 땅을 도로 찾기 위해 공격을 멈추지 않았지.

수나라의 고구려 침략

그즈음 300여 년을 여러 나라로 쪼개져 있던 중국이 수나라로 통일되는 거대한 사건이 일어났어. 수나라는 동북아시아 최강자를 자처하며 고구려에게도 섬길 것을 요구했지만 천하의 중심이라는 자부심이 있었던 고구려에겐 어림도 없는 일이었지. 주변국을 제압하지 않으면 위험해진다는 걸 잘 알았던 수나라 황제는 30만 대군을 이끌고 고구려로 쳐들어왔단다. 그러나 여름철이라 전염병도 돌고 날씨마저 나빠서 이렇다 할 전투도 없이 그냥 전멸하고 말았다나? 수나라에겐 어이없는 일이지만 고구려에게는 천만다행이지 뭐야!

그런데 이게 한이 됐던지 다음 황제가 또 쳐들어왔네? 그것도 세계 역사상 가장 많은 정벌군을 이끌고 말이야. 전투 부대 113만 3800명, 그 전투 부대를 먹일 식량과 전쟁 물자를 실어 나르는 보급 부대는 두 배나 되었대. 와, 이렇게나 많은 군대가 출발하려니 수나라에서 출발하는 데만 40일이 걸렸고 행군하는 군대의 깃발은 960리를 넘었대. 960리면 서울에서 부산까지의 길이야.

북과 나팔을 울리며 새카맣게 몰려오는 수나라 군대를 보면서 30

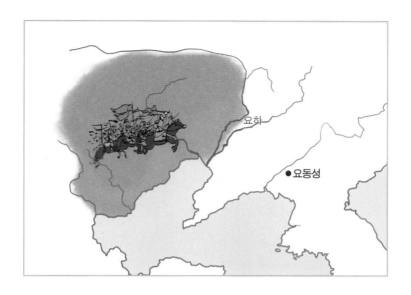

만 정도밖에 안 되었던 고구려군은 얼~마나 두려웠을까…….

　하지만 고구려를 번개같이 휩쓸어 버리겠노라고 큰 소리를 탕탕 치던 수나라군은 이번에도 어이없는 실수를 하고 말았어. 요하를 건너는 **배다리**가 모자라 허둥댔다나? 맞은편에서 긴장하며 수나라 군대를 기다리던 고구려군은 갈팡질팡하는 수나라군에게 맹공격을 퍼부었지. 결과는 초반전부터 수나라의 참패!!!

　그래도 워낙 수가 많아 어찌어찌 요하를 건너긴 했는데 이번엔 요동성에서 딱 걸리고 말았지 뭐야? 고구려 성은 튼튼한 데다 성을 지켜내는 고구려인의 전략과 투지는 놀라웠거든. 요동성은 강력한 **공성 무기**에도 무너지지 않았고 수나라군이 지쳐 있으면 고구려군은 어디선가 귀신같이 나타나 기습 공격을 하

배다리
강을 건너기 위해 배를 연결하여 만든 다리지.

공성 무기
성이나 요새를 공격하는 무기를 말해.

고는 바람처럼 사라졌대. 오합지졸의 수나라 대군은 석 달을 요동성 공격에 허비하며 양식만 죽냈다더라.

을지문덕의 살수대첩

질질 끌기만 하는 전쟁으로 화가 머리끝까지 난 수나라 황제는 30만의 별동 부대를 만들어 평양으로 진격하라고 했어. 그리고 보급 부대까지 끌고 가면 민첩하게 움직일 수 없다며 전투병에게 양식과 무기를 지고 가도록 했대. 그러자 너무 무거워서 행군에 지친 병사들은 양식을 몰래 파묻어 버렸다는 거야. 곧 배가 고파질 텐데 어쩌려고 그랬나 몰라~.

아니나 다를까, 별동 부대가 오랜 행군과 배고픔에 지쳐 있을 때 고구려의 을지문덕 장군이 백기를 들고 나타났어. 항복의 뜻으로 받

아들인 수나라 장수는 자기 진영으로 들어오게 했지. 요게 큰 실수였던 거야. 거짓 항복을 한 을지문덕은 진영을 둘러보며 수나라군이 얼마나 지치고 굶주렸는지 한눈에 알아 버렸거든. 그래서 을지문덕은 싸우는 척 물러나는 전략으로 수나라군을 더 지치게 만들었지.

수나라군은 이 전략에 휘말려 기진맥진하다가 뒤늦게 함정임을 알아차리고 후퇴하기 시작했어. 하지만 남의 나라를 침략한 적들을 살려 보내지 않겠다는 고구려군이 맹렬하게 쫓아왔단다. 그래서 청천강을 넘던 수나라군 30만 명 중에서 2700명 정도만 살아서 도망갈 수 있었대. 이 믿지 못할 기록은 고구려군이 얼마나 무섭게 추격했는지를 보여 주는 이야기야. 이 놀라운 승리를 살수대첩이라고 하지.

요동에서 승전 소식만 기다리던 양제는 너무나 실망하여 패전한 장수들을 쇠사슬로 묶어 끌고 갔대. 그러니 북과 나팔을 울리며 기세 좋게 행군했던 그 길이 얼마나 처참했을까? 하지만 무리한 고구려 정벌을 강행했던 양제도 부하들의 반란으로 죽고 수나라는 40여 년 만에 망하고 말았단다.

당나라 태종의 고구려 침략

그런데 수나라를 이은 당나라가 40여 년 만에 또 쳐들어왔어. 고구려에선 최고의 관직인 대막리지에 오른 연개소문이 천리장성을 쌓으며 대비하고 있었지.

중국은 왜 새 나라가 서기만 하면 고구려를 공격한 걸까? 그건 최강자가 되었다는 걸 만천하에 드러내야 하는데 고구려가 고분고분하지 않았기 때문이야. 고구려의 위세를 꺾지 못하면 주변 나라들이 고구려 편에 서서 당나라를 위협할지도 모르니까 당나라로선 반드시 고구려의 항복을 받아내야만 안심할 수 있었지. 그만큼 고구려가 강했다는 거야.

당나라 태종도 직접 30만 대군을 이끌고 고구려의 요새였던 요동성을 공격했어. 수나라군과는 달리 잘 훈련된 정예 부대는 12일 만에 요동성을 무너뜨리고 무기와 식량을 빼앗았지. 이제 평양으로 진격할 일만 남았다고 생각했는데 웬걸, 이번엔 안시성에서 딱 걸리고 말았어. 안시성은 어떤 강력한 공성 무기에도 무너지지 않았어. 안시성의 성주인 양만춘과 백성들이 굳건하게 지키고 있었거든. 답답해진 당나라군은 안시성보다 높은 토산을 쌓아 맹공격을 하려 했는데 오히려 고구려군에게 빼앗기고 말았단다.

이런저런 전략이 다 먹히지 않아 초조하던 때 고구려군이 쏜 화살이 당태종의 눈가를 스치는 일까지 벌어졌어. 전쟁터를 누비며 살아온 당태종이었지만 간담이 서늘해져 퇴각 명령을 내릴 수밖에 없었대. 그런데 반드시 승리할 거란 생각으로 요하를 건널 때 돌아갈 배다리를 다 없앤 것이 문제였어. 할 수 없이 습지로 돌아가야 했는데, 황제의 마차가 진창에 빠지는 바람에 당태종도 마차에서 내려 바퀴를 들어 올려야 했다나? 고구려군이 패잔병을 무섭게 추격하고 있었거든! 나중에 당태종은 두 번이나 더 고구려를 침략했지만 결국 뜻을 이루지 못하고 죽었어.

한 하늘 아래 살 수 없게 된 백제와 신라

이렇게 고구려가 수나라, 당나라라는 큰 나라의 침략을 막아내고 있을 때 백제 의자왕은 신라에게 성왕 때의 복수를 하고 있었어. 성왕 때 옮긴 도읍지, 사비에서 기운을 되찾은 백제는 다시 강해져 신라를 끊임없이 공격하며 수많은 성을 빼앗았지. 그런데 군사적 요충지였던 대야성을 공격해서 항복하는 사람들까지 모두 죽였는데 성주의 아내가 김춘추의 딸이었어.

김춘추는 가장 사랑했던 딸 고타소가 죽었다는 소식에 나무 기둥에 하루 종일 기대서서 사람이 지나가도 모를 정도로 슬퍼했대. 이 슬픔은 같은 하늘 아래 백제와 함께할 수 없다는 증오심으로 바뀌었어. 김춘추는 백제를 멸망시키기 위해 목숨을 걸고 적국인 고구려에 가기도 하고 백제와 친한 일본으로 가서 동맹을 제안하기도 했지. 그러나 모두 실패한 뒤 이번에는 당나라로 건너가 은밀하고도 솔깃한 제안을 했대. 그게 뭐냐고? 궁금해? 궁금하면 3권에서 만나자!

잊혀진 나라, 가야

삼국의 이야기만 하다 가야 이야기를 빠뜨릴 뻔했어. 가야는 500여 년이나 이어진 나라일 뿐만 아니라 역사적으로도 상당히 중요한 업적을 남긴 나라인데 말이야.

가야는 넓고 기름진 평야와 질이 좋은 철광산을 많이 가지고 있었어. 숲도 무성해서 철을 제련할 숯도 얼마든지 만들어낼 수 있었고, 바다를 바라보고 있어 수출도 마음껏 할 수 있었지. 변한 때부터 특별히 뛰어났던 제철 기술은 가야에 그대로 전해졌어. 그래서 가야인들이 만든 철제품은 중국과 일본에도 수출되어 큰 번영을 누렸단다.

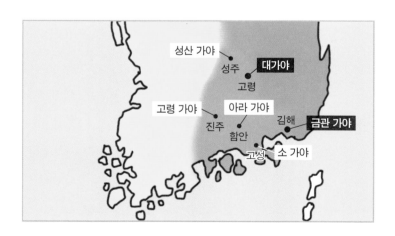

특히 금관가야가 있던 김해는 철을 녹일 나무도 쉽게 구할 수 있고 바다와도 닿아 있어서 가야 지역을 이끄는 대장 역할을 하고 있었어. 하지만 고구려의 광개토대왕의 정복 전쟁으로 무역이 순조롭지 않았잖아? 그래서 왜와 함께 신라를 공격했다가 오히

려 광개토대왕 군대에게 참패를 당해서 나라가 아주 위태롭게 됐다고 했던 거 기억나지? 이 전쟁으로 금관가야는 고령에 있었던 대가야에게 가야 지역을 이끄는 대장 자리를 내주어야 했어.

가야는 철기 시대에 좋은 철광석과 훌륭한 제철 기술이 있었는데도 여러 나라로 갈라져 있다가 끝내는 고대 국가로 성장하지 못했지. 고대 국가가 되려면 왕권이 강화되어야 하잖아? 그런데 가야 지역을 지배할 강력한 왕이 등장하지 못했기 때문에 작은 나라들의 연맹으로 남아 있다가 역사에서 사라지고 만 거야.

좋은 조건을 두루 갖추고도 백제와 신라 사이에 끼어 이리저리 이용당하다 금관가야는 구해왕 때 신라의 법흥왕에게 투항했고, 대가야는 진흥왕에게 멸망당했어. 금관가야의 자손 중에서 김유신은 신라의 통일 전쟁에 뛰어난 공을 세우면서 영웅이 되었지. 그리고 김유신의 누이는 김춘추와 혼인하여 문무왕을 낳았으니 금관가야가 신라로 이어졌다고 해야 하나?

가야의 기술자들은 나라에 **변란**이 생기자 일본으로 많이 건너갔어. 그곳으로 건너간 기술자들 덕분에 일본은 더 이상 한반도에 기대지 않고도 직접 철을 만들어낼 수 있었지. 지금도 제철 기술은 일

본이 한국보다 한 수 위라고 하니 가야가 멸망한 것이 정말 아쉽기만 하지?

대가야가 진흥왕에게 망할 즈음 가야금의 명인, 우륵은 가야금을 들고 떠돌다 진흥왕을 만나게 되었대. 우륵은 진흥왕을 위해 가야금을 탔는데 그 소리가 얼마나 아름답던지 진흥왕이 반하고 말았다는구나. 그래서 진흥왕은 신라인에게 그의 음악을 가르치라고 했어. 가야는 망했지만 가야의 음악은 신라로 전해졌던 거지.

그때 우륵이 만들었다는 음악은 들을 수 없지만 왠지 그의 가야금 소리는 구슬펐을 거 같아. 나라를 무너뜨린 사람을 위해 가야금을 타야 했으니까. 우륵이 가야금 12줄을 탈 때마다 나라 잃은 슬픔이 묻어 나오지 않았을까?

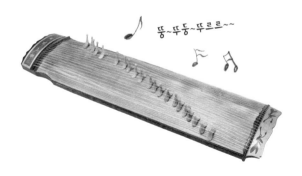

저자가 직접 강의하는 호락호락 한국사 2장
왼쪽의 QR코드를 찍어서 저자의 강의를 들어 보세요!
만약 QR코드가 안 될 경우에는 아래 링크로 들어오세요.
http://blog.naver.com/damnb0401/221112800655

토론 주제 : 한강을 차지한 나라는 왜 강해지는 걸까?

토론자 : 한강 , 그럴군 과 딴지양

한강이 뭐 그리 대단하기에 삼국이 죽기 살기로 전쟁을 벌였
는지 아직도 딱 꼬집어 이야기할 수 없다는 아이들이 너희들
이니?

저~ 삼국의 전쟁 이야기는 정말 재미있게 들었는데요, 학교에
서 내준 숙제가 한강의 힘 알아오기거든요. 그런데 뭘 써야 할
지…….

온통 전쟁 이야기만 한 거 같은데요?

으음, 그럼 궁금한 것을 묻다가 답을 찾게 될 수도 있으니까 질
문부터 받을까?

저기요, 이해가 정말 안 되는 게 하나 있어요. 관리가 입는 옷
의 색깔을 정하는 게 고대 국가의 기틀하고 무슨 상관이에요?

작은 부족 국가들이 전쟁을 하거나 힘을 합쳐 고대 국가가 되
잖니? 고구려, 백제, 신라가 다 그렇게 고대 국가로 성장한 거

야. 생각해 봐. 나라를 세운 왕의 힘이 강해야 각 부족장들에게 관직도 주고, 등급에 따라 이 옷 입어라, 저 옷 입어라 할 수 있는 거잖아? 정해 준 대로 옷을 입었다는 것은 왕에게 복종하는 신하가 됐단 뜻이야.

아하, 그러고 보니 힘 있는 사람은 다 똑같네. 우리 엄마도 이거 입어라, 저거 입어라 하시거든요.

왕의 힘이 강해지니까 신하들이 고분고분하게 말을 잘 들었다는 거죠? 그게 관복 제정이고요?

옳지! 어려운 말을 잘도 알고 있네?

학교에서 배웠어요. 그런데요, 왕권을 강화하려고 뭘 더하던데, 기억이 잘…….

역사 용어가 참 어렵지? 그런데도 내 이야기를 듣느라 얼마나 애를 썼을까…… 고마워! 율령을 반포하고 불교를 공인해야 왕권이 강화된다는 거?

네, 바로 그거요! 그게 도대체 무슨 말인지 잘 모르겠어요.

율령이란 나라를 다스리는 모든 법이라고 생각하면 돼. 큰 나라가 되어 왕권이 강해지면 법을 만들어 모든 사람들이 지키도록 할 수 있거든. "이제부터는 모두 나라의 법을 따라야 한다. 안 따르면 벌을 내리겠다." 그런 거지.

그런데 부처님을 믿는 거하고 왕권이 강해지는 거하고는 무슨 상관인데요?

불교를 공인했다는 건 나라가 나서서 불교를 받아들였다는 거야. 옛날부터 믿었던 전통 신앙을 버리고 새로운 종교를 믿으라고 하려면 왕의 힘이 엄~청 강해야만 할 수 있는 일이거든. 그리고 그때는 불교를 받드는 왕과 부처님은 똑같다고 했단다. 부처님을 믿고 따르듯 왕도 존경하면서 믿고 따르라는 거였지.

부처님하고 왕이 같다고요? 그럼, 불교를 받아들이면 당연히 왕의 힘이 세지는 거네? 아하, 그래서 삼국이 다 불교를 받아들인 거구나.

아~ 이제 다 이해된다. 힘이 세면 이 옷을 입어라, 이 종교를 믿어라 이러면서 막 명령을 하고 안 지키면 벌을 줄 수도 있잖아? 그런데 왜 자꾸 우리 엄마가 생각나지?

크크, 엄마가 너한테는 왕이잖아!

크으~ 인정, 인정!

그리고 한 가지 더! 불교를 온 나라 사람들이 함께 믿으면 마음을 하나로 모으기도 쉬웠기 때문이야.

그런데 한강 유역의 생산량이 많은 거하고 근초고왕이 백제의 전성기를 이루는 거하고 무슨 상관이 있는 거죠?

아주, 아주 밀접한 관계가 있지. 고대는 농사를 짓던 농업 사회였잖아? 땅에서 나는 생산물이 많아야 나라가 부강하고 그 힘으로 더 많은 땅을 갖기 위해 정복 전쟁을 할 수 있는 거거든. 한강은 수량도 풍부하고 땅도 넓어서 사람들이 모여 농사 짓기에 그만이었잖니? 한강의 많은 생산물과 사람은 백제의 힘이 된 거지. 근초고왕이 거침없이 고구려를 치고 요서 지방까지 세력을 넓힐 수 있었던 건 생산물도 많고 동원할 수 있는 사람들도 많았기 때문이야.

땅이 힘이다 뭐 그런 거네요? 그래서 그렇게 정복 전쟁을 벌인 거였구나.

그렇군! 빨리 적어. 한강의 힘 하나 나왔잖아? 첫째, 수량이 풍부하고 기름져서 생산물이 많고 사람들이 많이 모여 살 수 있다.

앗싸, 숙제 1번 해결! 생큐, 딴지양! 근데 딸랑 하나로는 안 되는데…… 3가지 이상 조사해오라고 하셨거든.

아~ 답답해. 그럼, 첫째, 수량이 풍부하고 기름져서 생산물이 많다. 둘째, 땅이 넓어서 사람들이 모여 살기 좋다. 이렇게 하면 되잖아.

야아~ 딴지양을 잔머리의 대가로 인정합니다~~.

야! 너, 다신 안 도와준다.

그럼, 천재로 인정합니다~~.

으흠. 얘들아~ 내 힘이 어째 고것뿐일까?

저기, 힌트 쪼금만 주시면 안 될까요?

백제가 한강을 차지하고 있을 땐 어디까지 뻗어 나갔는지 지도를 떠올려 봐.

아, 요서까지 세력을 넓혔죠? 그런데 요서는 백제하고 멀리 떨어져 있었는데? 고구려의 고국원왕하고 근초고왕은 원수였으니까 말 타고 가진 못했을 거고, 비행기도 없을 때니까…… 아하, 배를 타고 갔구나! 그 먼 곳까지 배를 타고 가다니 백제는 진짜 해상왕국이었나 보네?

그럼! 백제는 한강을 통해서 서해 바다를 넘나들었어. 말을 타고 움직이는 것보다 훨씬 많은 물자와 사람들이 오고 갔지. 중국의 앞선 문물과 종교가 다 나를 통해 들어온 거라고.

불교도 바다를 통해 들어왔단 거예요?

그럼! 백제는 서해 바다 쪽에 있던 중국의 동진하고 교류하고 있었으니 당연히 나를 통해 불교를 들여왔지. 그리고 고구려를 견제하기 위해 중국의 여러 나라와 외교 관계를 맺기도 했어. 어떤 나라와 친한가에 따라 나라의 운명이 바뀌기도 했기 때문에 삼국은 신중하면서도 활발하게 여러 나라와 외교 관계를 맺었지.

한강이 서해로 연결되는 길이었단 거네? 육지로 가는 것보다 빨랐고. 그럼, 셋째, 한강은 바다와 연결되어 빨랐다? 어째 좀 이상하네? 딴지양! 이럴 땐 어떡해?

으이구~ 셋째, 한강은 교통이 편리하다.

그래, 바로 그거야. 역시!

참고서에 있는 말이야. 그렇게 감격하지 마.

그런데 교통이 편리하다라고만 하면 내가 참 섭섭해지는데…… 한 가지 중요한 게 빠졌거든.

아, 중국과 외교 관계를 맺고 문물을 받아들였다. 요걸 빠뜨릴 뻔했네. 넷째, 중국과 교류하기 쉽다. 이러면 되겠네요? 숙제 끝! 근데…… 고작 이것 때문에 그렇게 죽기 살기로 싸웠단 말예요?

오호, 고작이라니? 아직도 한강의 힘을 깨닫지 못했구나. 네가 요약한 한강의 힘은 나라의 운명이 달린 거였어. 고구려가 한강을 차지하자 어떤 일이 벌어졌는지 잊은 모양이야?

백제가 공주로 눈물의 천도를 했다고 그랬던 거 같은데요? 그렇다고 나라가 망한 건 아니잖아요?

망하진 않았지만 근초고왕 때의 영광은 다시 오지 않았지. 그리고 가야는 철을 수출해서 부강한 나라가 된 건데 고구려가 서해 바다를 장악하니까 수출에 어려움을 겪게 됐잖니? 그러다 결국 나라가 망하게 된 건 잊었나 보구나?

아~ 그랬죠. 가야 이야기는 처음 들어 보는 거라서요.

한강 때문에 진짜 나라의 운명이 막 바뀌고 그러네?

나라의 운명만 바뀌었나? 사람의 운명도 바뀌었지. 그것도 여러 사람의 운명이!

근초고왕 때의 영광을 되찾으려고 애썼던 성왕이 그 운명의 주인공이었잖니? 어떻게든 한강을 되찾으려고 신라의 진흥왕과 손을 잡았다가 배신당하고 전사하잖아. 한강의 하류를 되찾던 날 성왕은 자신이 백제의 영광을 다시 이룬 거라고 감격했을 거야. 그런데 한강을 도로 빼앗겼으니 얼마나 분했겠어? 백제 백성들도 살 곳을 다시 잃었으니 정말 허망했을 거야.

그래서 가족이 나서서 한강 되찾기를 했나 봐요. 배신한 진흥왕에게 공주는 시집가고, 태자는 관산성에서 싸우고. 그렇게 애를 썼는데도 한강을 다시 찾지 못하고 전사하다니…… 참 안됐어요.

더 불쌍한 건 진흥왕에게 시집간 백제의 공주야. 원수의 집안이 됐으니 구박을 엄청 당했을 거 아냐? 공주가 참 안됐어! 처음 약속대로 한강을 나눠 가지고 있었다면 두 나라가 사이좋게 지냈을 텐데…….

한강을 나눠 갖긴 힘들었을 거야. 왜냐하면 한강 상류만 차지해서는 서해를 통해 중국과 교류하기가 쉽지 않았으니까. 배를 타고 중국에 갈 때마다 백제의 허락을 받아야 한다면 얼마나 불편했겠어? 그러니 신라는 기회만 노리고 있었을 테지. 게다가 진흥왕은 전쟁을 잘 하는 정복왕이라 백제는 한강을 지키기가 어려웠을 거야.

하지만 신라가 한강을 차지하자 고구려, 백제가 손잡고 마구 공격하잖아요? 진흥왕이 죽으니까 힘도 약해지고 동맹할 나라도 없어서 힘들어졌다던데…….

그랬지. 삼국에겐 한강이 그만큼 중요했으니까! 신라가 동네북 같은 신세가 되고도 한강을 포기하지 않았던 건 그만큼 한강이 주는 이득이 컸기 때문이야. 더 이상 고구려나 백제에 기대지 않고도 직접 중국과 교류하고 문물을 받아들이면서 눈부신 성장을 할 수 있었거든. 한강을 통해 국제 무대에 화려하게 등장할 수도 있었고 말이야. 한마디로 나, 한강을 차지하지 않고는 한반도의 강자가 될 수 없었던 거지. 내가 전성기의 디딤돌이었으니까!

한강의 힘을 번호로 간단하게 요약하면서는 진짜 한강의 힘을 느끼기 힘들었거든요? 그런데 한강을 둘러싼 이야기를 듣고 나니까 왜 한강을 차지한 나라가 강해지는 건지 이제 알겠어요.

그렇지? 이제야 막강한 이 한강의 힘을 알아보게 됐구나!

그런데요, 한강의 힘이 다 좋은 건 아닌 거 같아요.

무슨 소리야?

신라가 동네북에 왕따가 되니까 당나라에 구원을 요청하던 걸요. 앞선 문물만 받아들인 게 아니라 원치 않는 외국의 힘도 불러들여 큰 전쟁이 일어나던데요?

그래, 내가 전쟁의 불씨가 됐던 건 나도 정말 싫어. 너무나도 많은 죽음을 봐야 했거든.

삼국 시대부터 나를 둘러싼 전쟁은 현대까지도 이어져 수많은 사람들의 눈물이 보태어졌지. 그래서 내 소원은 한강이 평화의 강이 되는 거란다, 영원히!

딴지양! 당나라를 끌어들여 전쟁이 일어난 이야기는 3권에서 더 자세히 해 보자. 오늘은 여기까지만 할게. 비참하게 죽어갔던 사람들이 떠올라서 말을 잇기가…… 흑흑흑…….

아, 저, 나는 한강님을 울리려고 그런 건 아닌데……. 아, 어떡해…….

저기요, 울지 마세요. 저도 한강의 소원이 이루어지길 바랄게요. 평화의 강, 3권에서 다시 만나요!

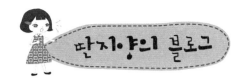

한강의 기쁨과 슬픔

삼국은 전쟁만 하고 살았나 하는 생각이 든다. 농사를 짓던 시대라 땅이 중요해서 그랬다지만 너무 많이 싸웠다. 계산해 보면 평균 2년에 한 번씩 싸운 거란다.

가장 치열하게 싸운 곳은 바로 한강이었다. 한강은 한반도의 중심에 있어서 기후도 좋고 수량도 풍부해서 사람들이 모여 농사 짓기 좋았다. 교통도 편리해서 사람과 물건도 쉽게 오갈 수 있었다. 서해 건너 중국과 교류하기도 좋아서 앞선 문물을 빨리 받아들일 수도 있었다. 그래서 한강에 있었던 백제는 가장 먼저 강한 나라가 되었다. 그러나 이것이 불행의 시작이었다. 고구려가 쳐들어와 한강을 빼앗아 500년 된 한성을 잃어버렸고, 어렵게 찾은 한강을 신라에게 다시 빼앗겨 전쟁이 벌어졌기 때문이다.

처음에 한강은 백제를 강자로 만든 기쁨의 강이었지만 이것 때문에 자꾸 전쟁이 일어나서 망했기 때문에 슬픔의 강도 되었다. 앞으로는 계속 기쁜 일만 일어나는 기쁨의 강, 평화의 강이 되었으면 좋겠다.

← → ↻ ✕ ⌂

댓글 5개 댓글을 입력해 주세요. **등록**

✓ **인기순** 최신순

😊 한강이 그렇게 훌륭한 강인지 처음 알았네. 나는 우리 강아지 데리고
산책하기 좋은 강인 줄로만 알았는데.

😄 야아~ 낙동강도 아주 훌륭한 강인기라, 함 놀러와 보그래이.
억수로 놀랠끼라.

😠 놀라긴 놀랄 거다. 훌륭해서가 아니라 녹조가 잔뜩 낀 강이라 섬뜩할걸?
어떤 외국인은 그 강에서 잡은 물고긴 그냥 줘도 안 먹겠다고 했다더라.

☹️ 헐~

😁 한강은 우리 역사를 다 알고 있겠구나. 이젠 정말 영원히 평화의 강이
되었으면 좋겠다. 그래서 더 이상 울지 않았으면 좋겠다.

한강은 아직도 힘이 세다

선생님이 한강의 힘을 알아오라는 숙제를 냈을 때 강에 무슨 힘이 있다는 건가 이상했다. 그런데『호락호락 한국사』를 읽으며 한강의 힘이 무엇을 말하는지 알게 됐다.

우리 땅의 한가운데를 흐르는 커다란 한강을 차지한 나라는 다 강대국이 되었다. 4세기의 강자였던 백제, 5세기의 강자였던 고구려, 6세기 최고 강자를 예약한 신라 시대의 지도를 보면 다 한강을 차지하고 있다. 근초고왕이나 광개토대왕과 장수왕 그리고 진흥왕까지 삼국의 유

명한 왕들은 한강 유역을 차지하려고 엄청 싸웠다. 그만큼 한강이 중요했다는 거다.

지금도 한강에는 우리나라의 수도, 서울이 있다. 그리고 1000만이 넘는 사람들이 사는 서울은 대한민국의 심장으로 세계적인 도시라고 한다. 내가 정말 하고 싶은 말은 이런 서울이 있는 한강은 아직도 힘이 세다는 거다.

댓글 4개 [댓글을 입력해 주세요.] [등록]

✓ 인기순 최신순

그렇군, 나 너랑 절친하고 싶다. 한강의 힘 알아오기가 우리도 숙제였거든? 네가 정리해 준 '한강의 힘' 잘 퍼간다, 생큐!

네 말대로 지도를 찾아봤더니 정말이더라. 한강 진짜 힘이 세네!

우리나라가 한강을 차지하고 있으니까 앞으로 우리도 강대국 되는 거냐? 근데 최고 강자 예약은 뭐냐? 진흥왕 때 신라가 강자가 된 게 아니라는 거냐?

3번째 댓글 다신 분~ 7세기 신라가 삼국을 통일하고 나야 전성기를 맞는 겁니다. 공부 좀 하세요!

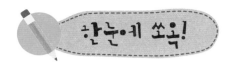

내가 제일 잘나가

삼국이 경쟁할 때 누가 한강을 차지했느냐에 따라 한반도의 강자가
결정되었고, 그때마다 지도의 모양도 달라졌어. 한강은 한반도의 중심에
자리 잡아 풍요롭고 어디나 쉽게 왕래할 수 있었지. 게다가 한강을 통해
중국의 앞선 문화를 빨리 받아들일 수 있었거든.

우리 백제는 한강에 자리 잡아 삼국 중 가장 빠르게 발전했어.
나, 근초고는 북으로는 평양성을 공격하고, 남으로는 마한을
차지했지. 또 요서, 산둥반도, 왜까지 진출했던 4세기는 백
제의 시대였다고!

나, 광개토는 소수림왕이 나라의 기틀을 다시 다져 놓아 맘껏 북쪽으로 영토를 넓힐 수 있었어. 백제, 신라, 가야가 다 무릎을 꿇었지. 5세기 우리 고구려는 동북아시아의 최강자였어!

한반도 끄트머리에 있던 우리 신라는 삼국 중 발전이 가장 늦었지. 6세기에 비로소 나, 진흥이 나서서 한강을 차지하면서 떨치고 일어났단다. 내가 정복한 땅에 세운 순수비 좀 보아라!

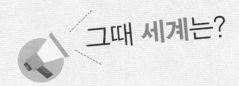

나라마다 뛰어난 영웅이 있었어

삼국이 경쟁하는 동안 세계 곳곳에서도 여러 나라들이 세워지고 멸망했어. 백성들을 편안하게 한 영웅이 있었는가 하면 혼란으로 몰아넣은 사람들도 있었지.

영국 아서왕
아서는 아무도 뽑지 못한 칼을 뽑고 왕이 되었어. 그리고 영국의 통일을 위해 싸웠단다.

로마 오현제
유능하고 어진 다섯 명의 로마 황제는 약 200년 동안 로마의 평화를 이끌었어. 지중해를 호수로 삼을 만큼 대제국을 이뤄 다른 민족들이 꼼짝도 못했지.

인도의 찬드라굽타
인도의 찬드라굽타는 나라를 안정시키고 고대 인도 문화를 최고로 올려 놓아 '왕 중의 왕'이라 불렸어.

훈족의 왕 아틸라

아틸라는 훈족의 왕으로 게르만족을 위협하여 유럽을 공포에 떨게 만들었어. 아틸라의 공격 때문에 게르만이 이동을 시작했고 서로마 제국이 멸망했단다.

유비 관우 장비 도원결의

복숭아나무 아래서 평생 친구가 되기로 약속한 유비, 관우, 장비가 있었어. 셋은 굳센 우정으로 한나라가 멸망한 다음 위, 촉, 오 삼국 중 하나인 촉나라를 세웠단다.

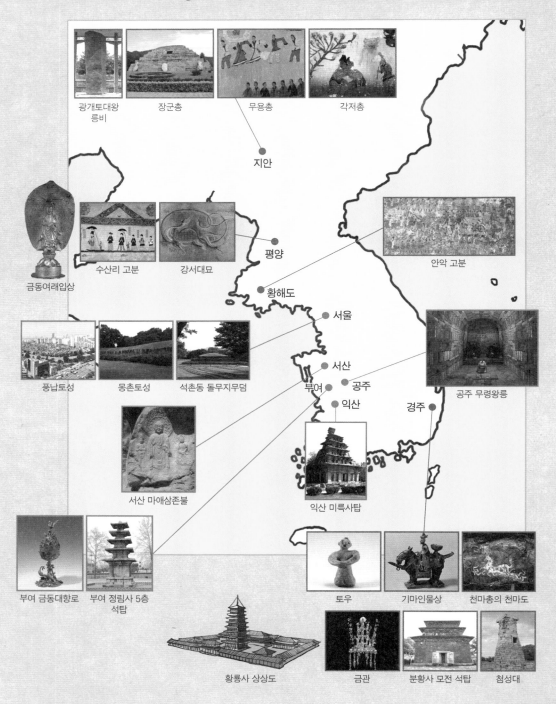

우리가 봐야 할 문화재 지도일세. 잘 챙기고 다니시게나.

광개토대왕 릉비

장군총

무용총

각저총

지안

수산리 고분

강서대묘

평양

안악 고분

금동여래입상

황해도

서울

풍납토성

몽촌토성

석촌동 돌무지무덤

서산

부여 공주

익산

경주

공주 무령왕릉

서산 마애삼존불

익산 미륵사탑

부여 금동대향로

부여 정림사 5층 석탑

황룡사 상상도

토우

기마인물상

천마총의 천마도

금관

분황사 모전 석탑

첨성대

3장
삼국의 문화는 같은 듯 달랐어

나는 백제의 장인 아비지일세.

탑을 만드는 솜씨가 귀신 같다는 소문이 났던 사람이지.

고대의 빼어난 문화재들을 소개하러 나왔다네.

고구려가 있었던 만주의 지안에서부터 신라의 서라벌까지

이름난 문화재들을 보려면 아주 바쁘게 움직여야 할 걸세.

자, 다들 준비 단단히 하고 따라들 나서시게!

아비지가 들려주는 삼국 문화 이야기

『호락호락 한국사』를 읽는 친구들, 안녕들 하신가? 나는 백제의 장인, 아비지일세. 내 말투가 좀 이상하게 들리겠지만 1400년 전 사람이니 이해들 하시게나. 아비지가 누군지 의아한 친구들이 많을 걸세. 허나 내 소개는 천천히 하려네. 신라의 황룡사 9층 목탑을 이야기할 때 자연스럽게 알게 될 터이니 너무 궁금해 마시게.

이제 삼국의 문화에 대한 이야기보따리를 풀어 볼 터이니, 귀들 좀 빌려주시게. 그리고 신발 끈도 단단히 매야 할 걸세. 문화재가 있는 곳까지 바삐 다녀야 할 테니 말이네.

고구려, 백제. 신라가 다 이 땅에서 생겨났다고는 하나 자리 잡은 곳의 생김새도, 기후도 다 달랐다네. 말이 통하고 먹는 음식과 입는 옷이 비슷해 보이나 저마다 다른 특별한 아름다움을 가지고 있었다고나 할까? 바로 그 이야기를 고구려, 백제, 신라 순으로 펼쳐 보이려 하니 자, 따라들 오시게.

강인하면서도 섬세한 고구려인

척박한 땅에 늘 사납고 강력한 외세와 힘겨루기를 해야만 했던 고구려의 문화는 강인하고 용맹한 기운이 느껴진다고들 하지. 그 대표적인 문화재가 수렵도가 아닐까 하네. 고구려인들이 말을 타면서 커다란 사슴과 호랑이를 잡는 수렵도는 사냥하는 그림이란 뜻으로, 무덤 벽에 그려진 벽화일세. 고구려인은 돌을 쌓아 무덤을 만들다가 돌로 방을 만들어 사방 벽과 천장까지 그림을 그렸다네. 무덤의 주인이 살았던 때의 일이나 죽은 뒤 지켜 줄 수호신들을 그려 놓았는데 그림이 어찌나 생생한지 마치 어제 그린 듯할걸세.

나당 연합군에게 패하면서 고구려의 역사서는 불에 타 버렸지만 벽화는 남아서 고구려의 역사를 보여 주고 있는 거지. 총천연색의 벽화는 고구려인이 어떻게 살았는지 그리고 무슨 생각을 했는지 다 보여 주는 글보다 훌륭한 역사서일세.

그런데 수렵도를 보려면 어디로 가야 하는지 아시는가? 1400년 전의 고구려가 살아 있는 중국의 지안으로 가야 하니 마음 단단히들 잡수시게~ 지금은 중국 땅인 지안은 400년간이나 고구려의 도읍이 있던 곳이라 고구려의 무덤이 어마어마하게 널려 있다네. 오죽하면 고구려를 고분의 나라라 하겠는가? 고분은 오래된 무덤을 말하는 것일세. 고구려인들은 살아서의 삶도 중요하게 생각했지만 죽은 뒤의 삶도 소중하게 생각했다네. 그래서 태

척박한
땅이 기름지지 못하고 몹시 메말라 농사가 잘 안 된단 뜻이야.

지안
고구려의 두 번째 도읍지로 국내성이 있던 곳이야.

어나기가 무섭게 죽을 때 입는 옷인 수의를 장만하고 죽음도 그다지 슬퍼하지 않았다더군.

  지안의 고분은 1만 2000개가 넘는다는데 수렵도는 이 무덤 가운데 하나인 무용총에 그려져 있다네. 무용총은 무용하는 그림이 그려진 무덤인데 묻힌 사람을 모를 때 총(塚)이라고 하지. 어린 친구들! 오래된 무덤으로 들어가는 것이 두려우신가? 아니라면 우리, 무용총으로 한 번 들어가 봄세.

  저기 물방울무늬의 화려한 옷을 입고 너울너울 춤을 추는 그림이 보이시는가? 그 아래 합창단의 노래에 맞춰 무희들이 힘차면서도 우아하게 춤을 추고 있는 거라네. 기다란 소매를 깃털처럼

무용도

산 사슴

호랑이

무용총 수렵도

펄럭이며 하늘을 훨훨 나는 새처럼 춤을 추어 외국에서도 인기가 높았다더군. 그 바로 맞은편에 고구려인의 용맹함을 보여 주는 수렵도가 있으니 자세히 들여다보게나.

이 그림을 어떤 친구들은

"저렇게 우굴쭈굴한 게 산이야?"

"말만큼 커다란 사슴이 어디 있어? 에게~ 말이 조랑말 같은데?"

"헐~ 화살 끝이 사탕처럼 생겼어! 저걸로 어떻게 사냥을 해?"

이렇게 보기도 한다기에 내 자세히 알려 주겠네. 고대의 그림은 중요한 것은 크게 그리고 중요하지 않은 것은 작게 그리거나 과감하게 생략하는 것이 특징이라네.

주름 무늬로 산을 단순하게 그린 것은 산이 험악하다는 것만 보여 주고 사냥 장면에 집중할 수 있게 그린 것이지. 핵심만 확실하게 보여 준 거란 말일세. 그리고 사슴을 과장해서 그린 것이 아닌가 하

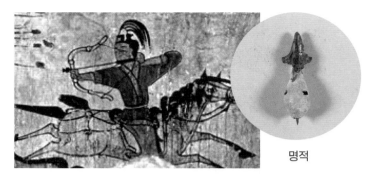

명적

명적을 쏘며 사냥하는 고구려인

던데 고구려 땅엔 진짜 저렇게 큰 사슴이 살았다네! 사슴만 해 보이는 말도 크기는 작지만 체력이 강해서 빠르고 오래 달릴 수 있었지.

사탕처럼 생겼다고 한 화살은 끝이 갈라진 무시무시한 명적이라는 화살촉일세. 회전하면서 빠르게 날아가 한 번 박히면 좀체 빠지지 않는 무서운 살상 무기지. 그래야 저 큰 사슴을 쓰러뜨리지 않겠나? 그리고 날아갈 때는 간담을 서늘케 하는 소리까지 나서 명적이라 한다네. 앞으로 쏜살같이 내달리는 백마를 타고도 몸을 획 돌려 활을 겨누는 저 사나이 좀 보시게. 저것은 초원 지대를 주름잡던 용맹한 유목민들이 쓰던 아주 어려운 활쏘기인데 고구려인들도 그들 못지않았다네. 깃털이 잔뜩 달린 모자를 쓴 것으로 보아 신분이 높은 사람인 듯한데 무예가 보통이 아닐세. 활을 팽팽히 당겨 사슴을 겨누니 사슴들의 눈이 등잔만큼 커져서는 펄쩍 펄쩍 뛰고들 있지 않은가! 빠르게 달리는 검은 말 위에서 호랑이를 겨누고 있는 사나이의 눈매는 맹수보다도 매서워 내 마음이 다 오그라든다네. 사냥개에게도 쫓기며 헐떡이는 저 호랑이는 이제 다 죽은 목숨일세그려……

이 수렵도를 보면 마치 전투 훈련을 하고 있는 거 같으이. 사냥이 끝나면 사냥감들은 하늘 신께 바쳐지는 제물이 되었을 걸세. 고구려에선 3월 3일이면 왕과 신하들이 모여 사냥 대회를 열고 그 제물을 하늘에 바쳤다고 했으니까. 그러니 수렵도는 하늘의 자손인 고구려인의 특징이 고스란히 드러난 가장 고구려다운 그림이라 할 수 있지.

샅바
씨름할 때 허리와 다리에 둘러 묶어서 손잡이로 쓰는 천을 말해.

이번엔 씨름하는 그림이 그려진 각저총으로 옮겨 보세나.

두 사내가 **샅바**를 잡고 불끈 힘을 주고 팽팽히 맞서고 있구먼! 그런데 나무 쪽에 자리

각저총

한 사내는 좀 특이한 인물이라네. 크고 길게 찢어진 눈에 코털이 비어져 나올 만큼 큰 매부리코로 보아 아마도 서역인이 아닐까 싶네. 서역인까지 고구려의 씨름을 배우러 오다니 과연 고구려는 국제적인 나라일세그려. 고구려가 활동한 곳이 비단길을 통해서 저 멀리 서역까지 이어졌단 걸 보여 주는 그림 같으이.

아프라시압 벽화 – 조우관을 쓰고 고리자루큰칼을 찬 고구려인

고리자루큰칼
손잡이 끝에 둥근 고리를 만들어 붙인 칼이야.

바로 이 그림이 그 증거일세. 수렵도에서 봤듯이 새의 깃털을 꽂은 모자를 쓰고 **고리자루큰칼**을 차고 있는 저 늠름한 젊은이들은 중앙아시아에 있는 사마르칸트까지 갔던 고구려인이라네. 고구려도 신라처럼 넓디넓은 아시아를 무대로 삼았던 국제적인 나라였지.

이곳 지안엔 그 유명한 광개토대왕릉비도 있다네. 아들인 장수왕이 광개토대왕의 업적을 6.3미터나 되는 거대한 자연석에 1775개의 글자로 빼곡하게 적어 놓았지. 글자가 얼마나 큰지 글자 하나가 주먹만 하다네. 이 비석은 아귀가 딱 맞는 받침돌이 떠받치고 있어 지진이 일어나도 끄떡없을 거라더군. 하긴 1500년이 넘어도 그때 그 자리에 그대로 있으니 놀라울 뿐이네.

광개토대왕이 의롭지 못한 주변의 적들을 쓸어버리고 백성을 편안하고 풍요롭게 했다는 글을 보면서는 동북아시아 최강자의 자부심이 느껴진다고들 하지. 으흠~ 고구려 백성들이야 자랑스럽겠지만 나는 우리 백제 백성들의 비명 소리가 들리는 거 같아 마음이 편치 않네. 쓸어버린 적들 속엔 우리 백제인들도 있었으니까.

그나저나 5세기 초반의 역사를 보여 주는 이 비석이 오랜 세월 방치되어 많이 훼손되었는데, 중국이 보호한답시고 저렇게

예전 광개토대왕릉비

유리벽에 갇힌 현재 광개토대왕릉비

유리벽을 씌워 놓았다네. 어쩐지 저 유리벽은 광활한 땅을 호령하던 호랑이를 가둔 느낌이 들지 않는가? 게다가 바람이 안 통해 비석은 더 훼손되고 비석 연구자들의 접근은 물론 사진 한 장 찍는 것도 안

된다니 서글픈 마음이 드는구먼. 고구려 땅이 이젠 자기들 땅이라고 구려가 중국 변방의 역사라고 우긴다니 벌어진 입을 다물 수가 없네 그려. 아, 말과 풍속이야 우리 백제와 고구려, 신라가 닮았지 어디 중국과 닮았겠는가? 그런데 고구려가 중국 변방의 역사라니…… 에이, 당치도 않네.

광개토대왕릉비와 가까운 곳에 있는 이 무덤은 높이가 14미터를 넘고 한 면의 넓이가 66미터나 되는 거대한 광개토대왕릉이라네. '태왕릉이 한결같이 평안하길'이라 새긴 돌이 나와 '국강상광개토경평안호태왕'으로 불린 광개토대왕의 무덤이라는 게 확실해졌지.

지금은 다 허물어져 초라해 보일지 모르지만 군데군데 남아 있는 반듯반듯한 돌을 보면 처음의 모습은 아주 웅장했을 거라는 상상을 쉽게 할 수 있을 게야. 그런데 허물어진 무덤에서 굴러 내리는 돌을 아무렇지 않게 집어던지는 중국인을 보면 이제는 남의 땅이 된 고구려 유적이 마냥 안타깝기만 할 걸세.

지금은 다 허물어져 초라하지만 광개토대왕과 관련된 벽돌이 나왔다네

광개토대왕릉

장군총

광개토대왕릉을 마주 보는 가까운 곳에 거대한 돌무지무덤인 장군총이 있으니 그리로 옮겨 가세나. 장군총은 왕과 왕비를 모신 듯한 무덤 자리가 있긴 한데, 유품이 다 도굴당해서 도통 주인을 알 수 없기에 총자가 붙었다네. 무덤의 크기와 모습이 남달라 그저 힘 있던 어느 장군의 무덤이려니 했는데 최근엔 무덤 주인이 장수왕일 거라고 한다더군. 광개토대왕릉비를 사이에 두고 아버지와 아들의 무덤이 마주 보고 있는 거지.

이 무덤이 이집트에만 있는 줄 알았던 피라미드 형식으로 만들어져 동방의 피라미드라 불리기도 한다지? 5미터가 넘는 돌을 1000개 이상 쌓아 올려 7단의 피라미드형으로 쌓았는데 높이가 13미터를 넘는다는구먼. 저 큰 돌을 층마다 들여쌓으며 아랫돌의 앞면을 올려 깎아 밀려나지 않게 했다니 그저 입이 쩍 벌어질 뿐이네. 저리도 꼼꼼하게 돌을 다루었으니 천년 넘게 방치됐는데도 위용을 자랑하고 있지 않은가! 아, 고구려인은 돌을 다루는 솜씨가 정말 여간 아닐세. 그러니 만주의 곳곳에는 아직도 천년 세월을 버티는 고구려 산성이 수두룩한 게야.

고구려가 평양으로 수도를 옮긴 뒤에는 한반도 북부에도 고분이 즐비하고, 벽화도 더 다양해졌다네. 평안도 수산리에 있는 수산리 고분 벽화의 귀족 부부의 행렬을 보면 연잎 같은 양산을 받고 있는 귀

장대 묘기

공묘기

수레바퀴
묘기

귀족여인

수산리 고분 벽화

족과 양산을 들고 있는 하인이 보일 걸세. 하인이 작아도 지나치게 작다는 생각이 들지도 모르겠네. 삼국 시대에는 신분 제도가 있었기 때문에 신분이 높은 사람은 크게 그리고 신분이 낮은 사람은 작게 그린 것이지. 그리고 뒤에 따라오는 귀족 마님의 옷차림을 보게나. 허리까지 내려오는 긴 저고리에 비단 치마 주름을 색색으로 촘촘하게 접어서 입었네그려. 저토록 화려하게 차려 입고 어디로 나들이를 가는 걸까? 옳거니, 앞에 거리의 재주꾼들이 신기한 재주를 펼치고 있는 걸 보니 축제를 보러 나온 모양일세.

가늘고 높은 장대 위에 서서 걸어 다니는 광대의 모습이 아슬아슬해 보이네. 그 뒤엔 공과 막대를 번갈아 올리고 받는 묘기를 부리고 있는데 어이쿠, 공과 막대가 무려 여덟 개나 되네그려. 세어들 보시게! 그런데도 고개를 뒤로 젖히고 걸으면서 한 개도 떨어뜨리지 않다니, 정말 기막힌 재주일세. 뒤에 선 사내는 저 무거운 수레바퀴를 하늘 높이 쳐올렸다 받아내니 힘이 장사네, 장사야!

안악 3호 행렬도

이제 황해도로 내달려 안악 3호분의 대행렬도를 보게나. 저기 가운데 수레에 앉아 있는 사람이 왕인 듯하구먼. 왕의 행차에 깃발을 휘날리는 수많은 병사들, 풍악을 울리는 악단, 재주를 부리는 사람들, 시중드는 신하와 여인들이 무려 250명이 넘는다네. 왕의 위용에 저절로 고개가 숙여질 거 같으이. 그런데다 말과 무사 모두 쇠 갑옷으로 완전 무장한 **개마 무사**들 아닌가! 중세 유럽의 기사보다 더 용맹스러워 보이니 그림만으로도 두렵네, 두려워. 저 개마 무사들이 전쟁터에 나타나기만 하면 다들 도망가기 바빴다지?

개마 무사
무사와 말이 갑옷으로 완전 무장한 거야.

충주 고구려비

그런데 말일세, 만주와 한반도 북부에만 고구려 유적이 있는 건 아니라네. 충청북도 충주에도 고구려 비석이 하나 있지. 고구려가 이곳까지 영토를 넓혔다는 증거라고 떠들어대지만 이 비석을 볼 때마다 내 마음은 칼로 베이는 것 같다네. 개로왕의 죽음으로 공주까지 눈물을 흘리며 도망 와야 했던 백제인들도 한 번쯤은 생각해 주시게나……

이 비석은 발견될 때까지 이리저리 채이다가 냇가의 빨래판으로 쓰였다더구먼. 2미터 정도의 단단한 바위인 데다 글자가 우둘두둘 새겨져 있으니 일반 사람들에겐 빨래판으로 제격이었겠다 싶으이. 이래저래 글자가 너무 많이 훼손되어 당시의 상황을 자세히 전하진 못하지만, 삼국의 관계를 알 수 있는 귀중한 유물로 충주 고구려비라고 부른다네.

고구려 문화재에 절도, 불상도, 탑도 이야기되지 않으니 고구려에는 불교 문화재가 없다고 생각하는 친구들도 있다던데 그건 아닐세. 고구려가 나당 연합군에게 파괴되고 또 남북이 나뉘다 보니 고구려의 문화재를 제대로 볼 수 없어 그런 것이지. 내 이제 고구려의 불교 문화재를 하나 보여 주겠네. 경남 의령에서 발견됐다는 불상을 보러 가세.

연가는 고구려의 연호로 7년에 만들어졌다는 뜻인데 어느 왕 때인지는 정확하지 않다네.

연가 7년명 금동여래입상인데 16센티미터 정도의 손바닥보다 약간 큰 불상일세. 6세기쯤 고구려 승려들이 1000개의 불상을 만들어 불교를 널리 알리겠다는 뜻을 품었다네. 그 29번째 불상이 신라 지역까지 온 거라더군. 삼국은 전쟁만 주고받은 게 아니라 문화도 주고받았단 증거일세. 자그마한 불상의 부처님 얼굴이 강인해 보이고 주름마저 단단하게 접혀서 당당한 고구려인이 서 있는 거 같다고들 하지. 작은 불상인데도 위엄이 느껴져 함부로 할 수 없을 것 같으이.

연가 7년명 금동여래입상

북 현무

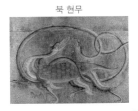

서 백호

중앙을 지키는
황룡

동 청룡

남 주작

다섯 방위를 지키는 상상의 동물들

　이제 다시 평안남도로 올라가 보세. 이곳은 고구려의 마지막 도읍지인 평양성이 있는 곳이며 고구려인들이 장렬하게 전사한 곳이기도 하지. 사람들은 고구려 문화가 강인한 줄만 아는데 강서대묘의 사신도를 보면 섬세함도 느끼게 될 걸세. 사신도란 죽은 이를 지키는 상상의 동물인데 동쪽엔 청룡이 서쪽엔 백호가 그리고 남쪽엔 주작이라는 새가 마지막으로 북쪽엔 현무가 그려져 있다네. 현무는 고구려만의 독특한 상상의 동물인데, 거북이가 자신의 몸을 휘감은 뱀과 머리를 쳐들고 겨루는 듯한 모습을 하고 있지. 자세히 들여다보는 친구들 중엔 허걱! 하고 놀라는 친구도 있다더구먼. 뱀의 비늘 하나하나가 어찌나 섬세하게 그려졌는지 마치 꿈틀댈 거 같아 깜짝 놀란 게지?
　저 치밀함에서 고구려의 힘이 나오지 않았나 싶으이. 1400년이 흘러도 산성이 무너지지 않고 벽화가 역사를 전하는 나라, 중국이 아무리 자기네 변두리 역사라 낮춰 말해도 세계에서 가장 큰 광개토대왕릉비가 주변국을 휩쓸었노라 당당히 전하는 나라가 바로 고구려이지 않겠는가!

우아하고 세련된 백제인

아, 드디어 우리 백제 땅으로 들어섰군. 한강을 젖줄로 해상왕국이 되어 가장 먼저 전성기를 누렸던 우리 백제는 문화가 세련되고 우아했다네. 수도를 옮긴 남쪽 지역 또한 너른 들판인데다 가끔씩 보이는 산조차 야트막하고 정겨워 문화재도 부드러운 느낌이 들 걸세.

500여 년 동안 백제의 수도였던 한성에는 풍납토성, 몽촌토성 그리고 석촌동 돌무지무덤들이 있긴 한데 이제는 높은 빌딩들에 둘러싸여 초라해 보이는구먼. 하지만 우리 백제의 토성은 사다리꼴로 한 층 한 층 다져서 쌓아 올려 콘크리트만큼이나 튼튼한 성일세. 10톤 트럭으로 15만 대 분량의 어마어마한 흙이 들어간 성이라 1500년 동

풍납토성(사진 제공:서울특별시)

몽촌토성

석촌동 돌무지무덤

119

안 숱한 일이 있었어도 저리 견딜 수 있는 거라네. 토성의 발굴이 아직도 진행 중이니 마무리되면 서울에서도 백제의 위풍당당한 모습을 보게 될 걸세, 아암!

자, 그러면 해상왕국의 흔적을 어디 가면 볼 수 있을까나? 옳지! 외국의 여러 나라로 나가는 길목인 서산으로 가세나. 멋진 배를 보여 줄 순 없지만 뱃길을 지켜 주시던 부처님은 남아 계신다네. 그곳 산 중턱엔 마애삼존불이 새겨져 있는데 커다란 바위 한 면에 세 분의 부처님이 새겨져 있어서 마애삼존불이라 하지.

가운데 부처님은 둥근 얼굴에 미소가 한가득이라 보는 이마저 마음이 푸근하고 넉넉해질 걸세. 그 앞에 앉아 이런저런 이야길 해도 다 들어주실 거 같다네. 양 옆에 계신 부처님들은 어린아이같이 순진하고 천진난만해 보여 우리 백제들인이 무척이나 좋아하는 부처님들이시지. 그래서 거칠고 험난한 서해 바다로 나가는 백제인들은 꼭 이 부처님들께 무사 귀환과 소원을 빌었다네. 그러면 가운데 계신 부처님은 손으로 이렇게 대답하셨지.

'두려워 마라, 소원을 들어 주마!'

오른손을 들어 쫙 펼친 것은 두

서산 마애삼존불

려워 말라는 것이고 왼손을 내려 넷째와 다섯째만 접은 것은 소원을 다 들어준다는 뜻이라네. 이 후덕한 부처님은 비가 오나, 눈이 오나 서해로 먼 길 떠나는 이 길목에 서서 중생들의 간절한 바람에 귀 기울여 주셨지.

그런데 말일세, 이 부처님은 하루에도 여러 번 얼굴 표정이 바뀌신다는 걸 아는가? 해가 뜨면 환하게 웃으셨다가 해가 질 즈음엔 엄한 표정이 되시기도 한다네. 꼭 살아 계신 부처님 같아서 더 의지했던 거 아닐까 싶으이.

이번엔 두 번째 수도였던 웅진(공주)의 무령왕릉으로 옮겨 봄세. 백제는 고구려와 뿌리가 같아서 무덤을 만드는 방법도 닮았지. 돌을 쌓아 만든 돌무지무덤인 장군총과 석촌동의 돌무지무덤이 닮지 않았는가? 나중에는 땅에 구덩이를 파서 돌로 된 방을 만들고 한쪽에

연꽃무늬 넣은 벽돌을 아치형으로 쌓았지.

무령왕릉 입구

무령왕릉 정면도

121

드나드는 문을 만드는 굴식 돌방무덤도 두 나라가 비슷하게 만들었다네. 뿌리가 같았기 때문이지.

그런데 공주에 있는 무령왕릉의 무덤은 좀 다르다네. 고구려의 침략으로 도읍지를 옮겨야 할 만큼 백제가 위기에 빠졌을 때 백성을 잘 돌보며 기울어진 백제를 다시 일으켜 세우느라 무진 애를 쓴 왕이 무령왕이었지. 왕은 중국의 양나라와 적극적으로 교류하면서 고구려와 신라가 넘보는 것을 용서치 않았는데 그때 양나라는 아주 강한 나라였으니 국제 정세에도 밝았던 걸세. 인자하고 관대했던 무령왕이 돌아가시자 아드님이신 성왕은 양나라의 무덤을 본 따서 무덤을 잘 만들어 드렸지.

연꽃무늬를 넣은 벽돌을 하나하나 구워 아치형으로 쌓아 올려 아버지를 모신 걸세. 일본의 금송으로 관을 짜고 동남아시아의 목걸이도 부장품으로 넣었

오수전
땅 신에게 무덤 터 값으로 바친 쇠돈 꾸러미야.

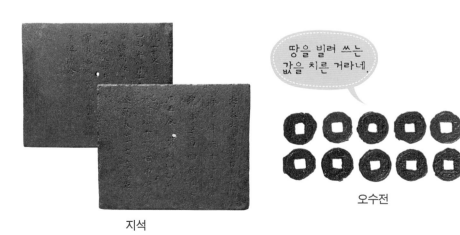

지석

땅을 빌려 쓰는 값을 치른 거라네

오수전

석수

무령왕릉에서 출토된 금 귀걸이, 금제관식

으니 그야말로 국제적인 무덤이었지. 그런데 후세 사람들이 땅의 신에게 왕의 무덤으로 쓸 땅을 사겠으니 너그럽게 봐 달라는 글이 새겨진 지석을 보고는 의아해했다더군. 모든 것을 마음대로 할 줄 알았던 왕이 땅의 신에게도 겸손한 것에 놀란 게지. 우리 고대인들은 자연에게 겸손한 마음을 가지고 소중히 여겼다네.

이곳에서 3000개나 되는 유물이 쏟아져 나와 사람들을 흥분시켰는데, 금 세공품들이 어찌나 정교하고 아름다운지 백제 장인들의 기술에 감탄했다고 들었네. 그런데, 1450년 만에 무령왕릉이 발굴될 때 사람들이 한꺼번에 몰려 들어가는 바람에 청동 숟가락을 밟는 등 여러 가지 실수를 저질렀다지? 왕의 잠자리를 그렇게 무례하게 침범하다니, 오랜 세월 무덤을 지켰던 석수가 얼마나 애가 탔을꼬!

웅진에서 조금 더 내려가 성왕이 세 번째 수도로 택한 사비로 가 보세. 이곳에서 성왕은 나라 이름을 '남부여'라 하고 다시 강성한 나

라로 만들려고 아버지만큼 무던히도 애를 썼다네. 결국 이곳에서 백제는 한스러운 최후를 맞고 말았네만…… 여기 부여에서 백제의 미인이라 일컬어지는 최고의 예술품이 나왔는데, 그게 바로 금동대향로라네. 청동으로 만들어 금을 입힌 향을 피우는 도구인데 1400년 동안 진흙 속에 **진공 상태**로 있었기 때문에, 거의 완전한 모습으로 나왔다더군.

금동대향로는 64센티미터의 자그마한 몸매에 온 세상을 다 품고 있다네. 뚜껑 위에 앉은 날아오를 듯한 봉황은 하늘 세계를, 깊은 산속에 앉아 악기를 타는 신선과 온갖 동식물은 인간이 바라는 신선 세계를 표현한 것일세. 몸통에는 여러 생명이 태어나는 연꽃을 새겼는데, 이것은 모든 생명이 연꽃을 통해 태어난다는 불교의 믿음을 보

봉황

신선

동물

연꽃

용

금동대향로

여 주면서 인간 세상을 표현한 거지. 그리고 연꽃 줄기를 물고 이 모든 세상을 단단히 떠받치고 있는 용은 지하 세계를 보여 주는 것이라네. 저 향로를 지탱하는 용의 모습은 균형이 딱 잡혀 그야말로 완벽! 완벽! 그 자체일세.

향을 피우면 뚜껑의 12구멍과 봉황의 가슴에서 연기가 사르륵 피어올라 마치 하늘에 오른 듯한 착각이 들게 만들었지. 이제 왜 이웃 나라에서 그토록 백제 장인들을 모셔 가고자 했는지 이해가 되시는가?

사비엔 또 하나의 유명한 문화재가 있는데 이제는 터만 남은 정림사에 있는 5층 석탑이라네. 이 탑은 가장 완벽한 비례를 갖춘 탑으로 유명한데 웃는 듯, 우는 듯 좀 오묘하다네. 지붕돌이 살짝 들려 있어 웃는 거 같으면서도 탑 몸에 당나라 소정방이 승리를 자랑하는 글이

정림사지 5층 석탑

새겨져 울고 있는 것도 같으니 말일세. 함부로 할 수 없는 품격이 느껴지는 탑에다 이 무슨 몹쓸 짓이란 말인가? 이건 탑을 사랑하던 백제인의 가슴에 비수를 꽂은 거나 마찬가지였지. 소정방은 두고두고 욕을 먹어도 싼 무뢰배일세.

이번엔 조금 더 남쪽으로 내려가 익산 땅으로 들어가면 삼국 시대에서 제일 큰 절이었던 미륵사를, 아니 미륵사 터에 남아 있는 탑 하나를 볼 수 있다네. 미륵사에 얽힌 이야기는 4장에서 솥단지가 들려준다니 그 이야긴 나중에 들으시게나.

걸출하고 담대했던 무왕이 다시 한 번 백제의 전성기를 맞고자 원대한 계획을 세웠는데 그게 바로 미륵사를 짓는 것이었네. 무왕은 잦은 정복 전쟁으로 지친 백성들이 세상을 구해 준다는 미륵 부처님이 나타나기를 애타게 기다리고 있다는 걸 알았던 게지.

목탑

동탑(돌)

서탑(돌)

미륵사 상상도

나, 아비지도 그 소망을 품고 열심히 미륵사의 돌을 쪼았다네. 보통 절은 불상을 모신 금당과 탑을 한 개씩만 짓는데 미륵사는 금당과 탑을 세 개씩이나 지었으니 오죽이나 컸겠나? 상상을 뛰어넘는 크기였다고 할 수 있네. 가운데 금당 앞에 세운 목탑은 높이가 자그마치 60미터나 되었지. 그리고 동쪽과 서쪽에는 돌로 다듬은 9층 높이의 석탑을 세웠는데 모두 사라지고 반쯤 파괴된 서쪽 탑만 덩그러니 남은 거라네. 왕과 백성이 한마음으로 미륵사를 지었건만 백제가 역사에서 사라지자 미륵사 터만 남는 비극이 일어난 걸세.

　그런데 일제 강점기 때 일본인들이 한반도에서 제일 큰 석탑이 파괴된 게 안타까웠던지 보존한답시고 시멘트를 척 발라 놨다네. 이렇게 흉측한 꼴로 만들다니 울화가 치밀어 오르는 걸 참지 못하겠구

반파된 미륵사 서탑

복원된 미륵사 동탑

면. 최근에 2천 700톤의 돌을 기계로 깎아 동쪽 탑을 복원해 놓았는데 에구, 영 내 마음에 차질 않네그려. 사람 손으로 일일이 다듬은 거하고 이렇게 다를 수가 있나? 크기만 컸지, 서쪽 탑 같은 신비로움은 눈을 씻고 찾아봐도 없지 않은가? 황량한 미륵사 터를 보면 우리 백제의 마지막 모습을 보는 거 같아 눈물이 앞을 가린다네.

나당 연합군에게 갑자기 망해서 역사서도 남지 않은 우리 백제…… 그래서 수수께끼 왕국으로나 불리는 우리 백제……. 아~ 나라가 망하고 나니 문화재마저 파괴되어 보여 줄 것이 별로 남지 않았으나 그래도 백제의 위대함은 느꼈으리라 믿네.

500년 도읍지, 한성 그리고 눈물의 천도를 했던 웅진과 부흥을 꿈꾸었던 사비는 해상왕국의 도읍지답게 모두 강을 끼고 있었지. 한강, 금강, 백마강은 우리 백제 땅과 바다를 이어 주며 위대한 백제를 만들었다네. 비록 신라의 외교술에 휘말려 억울하게 멸망했지만 웅혼한 기상과 놀라운 예술성까지 사라진 건 아니란 말일세. 그것을 눈밝은 이는 보았으리라 믿으면서 이제 신라 천년의 역사가 잘 보존되어 있는 서라벌(경주)로 떠나 보세나.

부여 궁남지

아차차... 이런, 내가 아주 엄청난 실수를 할 뻔했구먼! 우리 백제왕이 일본에게 하사했던 칠지도 이야기를 빠뜨리다니, 내가 많이 늙긴 늙었나 보네.

칠지도라 하니 지도 이야긴가 할지도 몰라 이 이름부터 설명해야겠군. 칠지도는 칼이라네. 칼의 몸통 양옆으로 여섯 개의 칼이 마치 나무에 가지가 달리듯 붙어있어 모두 일곱 개의 칼날을 가지고 있지. 그래서 일곱 개의 가지 모양을 한 칼, 칠지도라 한다네.

칠지도

질 좋은 쇠를 불에 녹여 불순물을 걸러내고 망치로 두드리고 또 두드리길 100번! 그런 수고와 정성으로 길이가 74.9cm인 큰 칼을 만들었지. 그리고 몸통에는 61개의 글자를 새겼는데, 홈을 파서 금실을 넣어 고급지고 화려하다네. 그런데 이 글자들이 오랜 세월을 이기지 못해 지금엔 70% 쯤 빠져나가고 말았다지? 금실을 넣어 글자를 만들 때 다지기를 했어야했는데 그때 만해도 그런 기법은 처음이라 그러질 못했다네. 그래도 당시엔 최첨단의 상감기법이었으니 대단한 것이었지. 아마 이 칼을 받은 일본 왕과 신하들은 신기해서 한동안 눈을 떼지 못했을 걸세. 그들은 아예 이런 기법 자체를 모를 때였으니까 말이네.

그런데 일본의 이소노카미신궁에 국보로 모셔져 있는 이 칠지도를 두고 말들이 많다고 하더군? 아마도 글자들이 거의 지워져 사실을 제대로 파악하기 어려워 그러는 것일 테지만 백제왕이 일본왕에게 바

상감기법
무늬를 파고 그 안에 금이나 은 등을 넣어 채우는 기법이지.

129

친 거라는 이야기는 정말 기막히고 어이없었네. 뭐, 내가 만든 물건이 아니라 확신할 순 없지만 나는 우리 백제가 일본 왕에게 내린 물건이라고 생각한다네. 내, 앞면과 뒷면에 몇 자 남은 글자를 근거로 대어 보겠네

"햇볕이 가장 따뜻한 날 백번이나 단련한 강철로 칠지도를 만들었다.
이 칼은 온갖 적병을 물리칠 수 있으니 제후국의 왕에게 나누어 줄만하다.
백제 왕세자가 일부러 왜왕을 위해 만들었으니 후세에 전하여 보이라."

제후국이란 왕에게 토지를 받은 제후가 다스리는 나라니까 이 물건을 만들어 주는 이와 동등한 위치는 아니란 이야기지. 게다가 존대어가 아니라 지시하는 말투인데 이것을 어찌 아랫사람이 윗사람에게 바치는 진상품으로 본단 말인가? 백번을 봐도 칠지도는 윗사람이 아랫사람에게 내린 하사품이 분명하네. 그리고 이 칼을 만든 때는 백제가 해상왕국의 위세를 떨치던 4세기라는 걸 밝히고 있으니 진상품이란 소리는 정말 억지스럽지 않은가 말일세.

자, 이제 우리 백제 이야기는 여기서 접고 신발에 날개 달린 듯 신라로 떠나보세~

소박하면서도 화려한 신라인

한반도 외진 곳에 자리 잡았던 신라는 오래도록 뒤처진 나라였다네. 자리한 곳이 중국의 앞선 문물을 받아들이기 힘든 곳이기도 했지만 워낙 귀족들의 힘이 강했기 때문일세. 오죽하면 고구려나 백제와는 달리 불교를 받아들이는 데 이차돈이 등장해야 했겠나? 6세기나 되어서야 왕이라는 칭호를 쓰고 율령을 반포했으니 늦어도 이리 늦을 수가 없었는데 거북이가 토끼를 이긴 꼴이 된다네. 한강을 차지하면서 삼국 통일을 이뤄 천년 왕국을 이뤘으니 말일세. 그래서 우리 백제와는 달리 천년의 수도였던 서라벌은 문화재들이 아주 잘 보존되어 있지. 문화재 감상하기로는 최고지만 볼 때마다 또 우리 백제의 모습이 겹쳐 마음이 아주 쓸쓸하다네.

신라의 문화 이야기는 통일 전과 통일 후로 나누어야 한다고 보네. 남아 있는 문화재가 넘치기 때문이니 이해하시게. 문화재가 많이 남아 있는 까닭은 무덤을 만드는 방식이 고구려나 백제와는 달랐기 때문이기도 하네. 고구려와 백제의 무덤은 돌로 만든 방에 들어가는 통로를 만들어 놓은 굴식 돌방무덤이었는데, 이것이 문제였던 걸세. 들어가는 통로가 있으니 **도굴**당하기 쉬웠던 게야. 하지만 신라는 나무로 만든 방에 시신을 모시고 그 위에 큼직한 돌을 쌓아 올린 뒤 흙으로 덮어 버려 아예 들어가는 문이 없었지. 그래서 도굴하기 어려웠던 걸세. 신라의 그 많은 문화재를 다 이야기하기에는 힘이 달리니 나는

도굴
무덤과 같은 땅 속에 있는 문화 유적을 도둑질하는 거지.

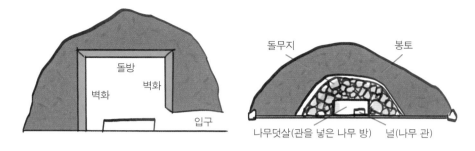

고구려 백제 굴식 돌방무덤과 신라 돌무지덧널 무덤 단면도

통일 전의 문화재에 대해서만 이야기하려네.

신라만의 독특한 문화재인 토우는 소박하고 유쾌한 신라인 딱 그 모습이라네. 토우란 흙으로 빚은 인형인데, 신라인들의 생각과 세상 살이가 꾸밈없이 드러나서 빙그레 웃게 만들지. 흙으로 만들어 투박 하지만 순박하게 살아가는 모습이 보는 이마저 유쾌하게 만들거든. 우리 백제에는 없는 것이라 자꾸 보게 된다네.

노래하는 토우   비파 타는 토우   웃는 노인 얼굴 토우

비파를 연주하는 저 유쾌한 모습을 보게나. 그 옆에서 한껏 목청 높여 노래를 부르는 모습이 마을 노래자랑이라도 나온 것 같으이. 이 게 바로 '전국노래자랑의 원조' 아니겠나? 그 옆에서 '어허허' 웃고 있는 할아버지를 보니 한평생이 즐거우셨던 모양일세.

어떤 사람은 토우를 보면서 기념사진을 찍은 거 같다던데 맞는 말 일세! 1400년 전 흙으로 찍은 사진이 바로 토우라네.

이 항아리 좀 보시게. 배가 불룩한 항아 리 위에 토우를 얹었구먼. 여인이 가야금을 타니 날던 새가 다가앉고 개구리가 튀어 오르 고 거북이도 걸음이 빨라지지 않는가! 신 라의 장인은 어떤 사람이기에 이런 기발 한 생각을 다 해냈을꼬? 이리도 재미난 토기는 세상에 하나밖에 없을 거 같으이.

다음에 나오는 조랑말을 탄 인물상은 신 라를 대표하는 토우일세. 하나는 주인상이고 다른 하나는 하인상이니 쌍으로 만들어진 거라네. 헌

개구리 토우

가야금 타는 여인

토우 항아리

데 말 엉덩이 위에는 구멍이 뚫려 있고 앞가슴에는 긴 부리가 달려 있지 않은가? 무엇으로 쓰였던 물건인지 알아맞혀 보게나~. 말의 몸 통을 비워 물을 채워 쓰던 주전자라네. 물을 채워 한 번 따라 보고 싶 은 표정들이구먼! 그런데 주인인지, 하인인지 어찌 아느냐고? 높이 가 20센티미터가 좀 넘고 길이가 30센티미터가 안 되는 물건이지만 신분은 아주 정확히 드러난다네. 꼼꼼히 보면 주인은 말 장식이 화

기마 인물상 – 주인상

하인상

려한 데다 장식이 달린 삼각 모자를 쓰고 갑옷을 갖춰 입었네. 하지만 하인은 수건을 질끈 동여매고 웃통을 벗은 채 오른손엔 방울을 들고 길 안내를 하고 있지 않은가? 이 두 사내는 무덤의 부장품으로 죽은 이를 저승으로 안내하는 역할을 한 거라네. 가늘게 위로 쭉 올라

천마총 말다래 천마도

간 눈매에 뭉툭한 코, 꽉 다문 입술이 다부진 신라 사내의 모습을 보는 것 같으이.

이제 화려한 신라인을 보여 주는 황금으로 만든 문화재를 보러 가세. 신라의 6개 금관 중 가장 크고 화려한 금관이 나온 천마총부터 들러 봄세. 천마가 그려진 말다래가 나온 무덤이라 천마총이라 한다네. 혹 이 그림의 천마가 박혁거세의 알을 가져왔던 거 아닐까 싶은 얼굴들이네만, 그건 나도 모른다네. 말다래란 말안장 밑에 놓여 흙이 튀는 것을 방지한 건데 그 작은 물건에 이리도 정성을 다해 그림을 그렸네그려. 자작나무 껍질을 여러 겹 겹쳐 만들었다는데 놀랍게도 1500여 년을 버티다니…… 나무는 영원히 살아 있다는 말이 거짓말이 아닌 게야.

고대의 금관은 세계에서 열 개밖에 발굴되지 않았다는데 그중 여섯 개가 신라의 금관이고 두 개가 가야의 금관이라는 걸 아시는가? 이러니 신라를 황금의 나라라 하는 게지.

이 금관이 신라에서 가장 크고 화려한 금관일세. 가운데 한자로 山이 네 개나 겹쳐 있는 건 하늘로 쭉쭉 뻗은 나무를 표현한 걸세. 고조선 신화에서 환웅이 하늘에서 타고 내려온 신단수와 같은 거라네. 박혁거세도 천마가 가져온 알에서 태어났으니 하늘의 자손이 아니던가? 저 얇은 금판과 함께 달린 옥은 부귀와 장수를 뜻하는 걸세.

새가 활짝 날개를 펼치고 날아오르는 듯한 이 금관도 하늘의 자손을 뜻하는 것이라네. 고대에는 새가 하늘의 일을 알려

천마총 금관

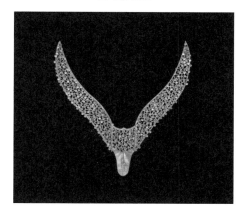

천마총 새 날개 모양의 금관

135

주는 전령이라 생각했으니까 말일세. 저 정교한 금관이 해를 받으면 수많은 금판이 차르르 흔들리며 눈부시게 빛났을 거 아닌가? 신라의 금을 다루는 기술은 아마도 세계 최고가 아니었을까 싶네. 자, 이제 저 금관만큼이나 빛나는 신라를 만든, 진흥왕이 지은 절로 자리를 옮겨 보세.

황룡사 목탑은 80미터가 넘었지. 아파트 25층쯤 된다는구먼.

황룡사 상상도

정복왕으로 자신감이 넘치던 진흥왕은 왕궁을 새로 지으려 했는데, 그곳에 황룡이 나타나는 바람에 절을 짓게 된 거라네. 그래서 절 이름이 황룡사라더군. 신라에서 제일 컸던 이 절은 선덕여왕 때 가서야 완공되었으니 무려 90년이 넘게 걸린 셈이지. 이 절엔 5미터가 넘는 큰 부처님인 장륙존상이 있었는데 그에 얽힌 묘한 이야기가 전해 오니 들어들 보시게.

인도의 아소카왕이 어마어마한 쇠와 금을 넣어 장륙존상을 만들려 했는데 번번이 실패했다네. 그래서 쇠와 금을 배에 실어 인연 닿는 곳에 가서 만들어지길 바랐는데, 아시아의 수많은 나라를 돌고 돌아 바로 신라로 왔더란 말일세. 하늘의 뜻을 받든 진흥왕은 한 번에 장륙존상을 만들어 황룡사에 모셨다네. 그런데 이 부처님이 발밑까지 눈물을 흘리더니 이듬해 진흥왕이 세상을 떠났다지 뭔가? 장륙존상과 진흥왕이 그만큼 인연이 깊었단 이야기 같으이.

황룡사는 나, 아비지와도 아주 인연이 깊은 절이라네. 절을 짓는 솜씨가 뛰어나다는 소문이 신라까지 들어가서 금당 앞에 목탑을 짓는 일을 맡게 됐지. 그때가 선덕여왕 때였는데, 80미터가 넘는 9층 목탑을 세우느라 200여 명이 넘는 사람들이 매달렸다네.

그런데 찰주를 세우는 날 꿈을 꾸었는데 백제의 사비성이 활활 불에 타오르고 백성들이 죽어가는 게 아닌가? 왠지 탑이 세워지면 백제가 망할 것 같은 예감이 들어 나는 공사를 멈추고 급하게 돌아갈 짐을 꾸렸네. 내 손으로 우리 백제를 망하게 할 수는 없지 않은가 말일세.

하지만 그마저 뜻대로 되지 않았지. 갑자기 땅이 울리고 어두워지더니 나이 든 스님과 장사가 황룡사의 금당 문을 벌컥 열고 나와서는 찰주를 한 번에 세우고 사라지는 것이 아닌가? 헛것을 본 것이라 할 수도 있지만 나는 어쩐지 탑을 완성하라는 부처님의 뜻이라는 생각이 들더군. 부처님을 따르는 사람이라 그 뜻을 거스를 수가 없었네. 눈물

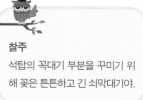

찰주
석탑의 꼭대기 부분을 꾸미기 위해 꽂은 튼튼하고 긴 쇠막대기야.

을 삼키며 황룡사 목탑을 3년 만에 완성하고 말았지. 재주를 가졌다는 것이 그토록 원망스러웠던 적도 없었다네.

선덕여왕은 그 탑에 정복할 아홉 나라의 이름을 붙였는데 다행히 백제의 이름은 빠졌지만 결국 백제가 망했으니 그 꿈이 맞았던 걸세. 그러나 황룡사도 훗날 몽골이 쳐들어왔을 때 다 파괴되고 말았다지? 신라의 보물이었던 장륙존상도, 내 마음을 찢어 놓았던 9층 목탑도 다 사라지고 말았다니…… 허무할 뿐이네.

서라벌 어디에서나 보일 만큼 컸던 황룡사의 9층 목탑은 서라벌의 상징이었지. 선덕여왕은 정복할 아홉 나라를 뜻하는 9층 목탑을 세워 신라인들에게 웅대한 꿈을 심어 주었던 거라네. 거대한 탑을 보면서 그 꿈을 새기고 또 새겼을 신라인들을 생각해 보게나. 그 속엔 김

8만 2천여 제곱미터나 되는 아주, 아주 큰 절이었다네!

터만 남은 황룡사

춘추도, 김유신도, 수많은 화랑들도 있었을 테지. 신라 사람들에게 원대한 꿈을 키워준 여왕은 앞날을 내다볼 줄 아는 분이었네.

이 선덕여왕 때 분황사가 지어졌는데 향기가 나는 절이라는 뜻일세. 여왕을 상징하는 절 이름으로 참 어울리지 않는가? 이 절에는 용이 살았다는 여덟 개의 모가 난 우물도 있고 더 유명한 모전 석탑도 있다네. 중국의 탑은 벽돌을 구워 올리는 벽돌 탑인데 그것을 모방했기에 모전이라 하지만 사실은 아주 독창적인 탑이라네. 돌을 벽돌처럼 다듬어서 쌓아 올렸기 때문이지. 중국의 앞선 문물도 이 땅에 들어오면 우리 문화와 어우러져 새롭게 태어난다는 것을 보여 주는 귀한 문화재라네. 원래는 9층이었는데 지금은 3층으로 키가 많이 줄었다더군. 이제는 신라에서 가장 나이가 많은 탑이 되었을 걸세.

돌을 벽돌처럼 다듬은 거라네.

분황사 모전 석탑

이 우물에 용이 살았지.

분황사 우물

역법

일정한 시간에 하늘의 움직임을 살피고 예측해서 달력을 만드는 거야.

선덕여왕 때 지어진 문화재가 하나 더 있는데 바로 첨성대라네. 첨성대는 6미터가 좀 넘는 하늘을 관찰하던 천문 관측대였지. 고대에서 별을 관측하는 일은 아주 중요한 일이었어. 모든 일엔 하늘의 뜻이 들어 있다 생각했기 때문에 왕은 하늘의 움직임을 잘 아는 것이 곧 힘이라 여겼다네. 나라에서 일어날 길함과 흉함을 점치고 농사에 꼭 필요한 **역법**을 만들어야 했으니 말일세. 선덕여왕은 앞을 내다보는 능력이 하늘을 관측하는 힘에서 나온다는 걸 알았던 게야.

첨성대

이쯤에서 신라의 문화재 이야기는 접어야겠네. 통일이 된 다음의 문화재는 또 다른 이에게 들으시게. 이제 예정에는 없었던 잊혀진 나라, 가야로 떠나볼까 하네. 잊혀진다는 것이 얼마나 슬픈 것인지 잘 알기 때문에 힘이 들지만 가야를 빼고 갈 수가 없어서 그러네. 낙동강으로 얼른 가 보세.

철기 기술이 뛰어난 가야인

철기 기술이 뛰어났던 나라이니 갑옷과 **투구**부터 살펴보게나. 이 철제 판갑옷은 철판을 사람의 몸에 맞게 굴곡을 살려 만들었다네. 입체 재단을 했단 말이지. 딱딱해 보이지만 나무 본에 대고 여러 번 두드리고 이어서 움직일 때 불편함이 없도록 말일세. 게다가 옻을 여러 번 칠해 비를 맞아도 녹이 슬지 않도록 했다네. 철제 판갑옷은 돌에서 철을 뽑아내는 수준 높은 기술과 철을 천처럼 다룰 줄 알아야 만들 수 있는 고급 기술이었지.

금관가야의 뒤를 이어 가야를 이끌었던 대가야도 좀 둘러 보세나. 이곳에 가면 고령을 한눈에 내려다보는 곳에 200개의 무덤들이 몰려 있는데 여기서 아주 독특한 금동관이 하나 나왔다네.

금동관은 순금으로 만든 금관과 달리 동으로 만들어 금을 입힌 관을 말하는 걸세. 한가운데 넓은 판을 세우고 양 옆에 뿔 같은 장식을 달아 끝부분마다 연꽃 봉오리를 올렸다네. 이 단순하고 우직해 보이는 모양이 다른 나라에선 볼 수 없는 묘한 매력을 보여주고 있지. 가야의 이 독특하고도 묘한 매력은 토기에서도 나타난다네.

투구
군인들이 전투할 때 적의 칼이나 활을 피하기 위해 쓴 쇠로 만든 모자야.

옻
옻나무에서 나오는 진액이지.

철제 판갑옷과 투구

가야 금동관

어떤가? 다양하고 기발한 모양의 토기들이 톡톡 튀는 발랄한 가야인 같지 않은가? 답답한 틀에 갇히지 않고 하늘을 훨훨 나는 새처럼 자유롭게 토기의 형태를 만들고 문양을 새겨 놓은 게 자꾸 보고 싶게 만드네그려. 신라의 토우와 어딘지 모르게 닮았다는 생각이 들기도 하는구면.

　만주의 지안에서부터 낙동강까지 두루두루 문화재를 구경하느라 애들 많이 쓰셨네. 다 돌아보고 나니 삼국의 문화가 비슷해 보인다고 생각하는 친구들도 있을 걸세. 그건 삼국이 다 불교를 바탕으로 문화재를 만들어 그런 게 아닐까 싶으이. 그러나 비슷해 보이면서도

가야 토기

삼국이 자리한 곳에 따라 저마다 다른 색깔의 문화를 뽐내고 있었지. 그 차이 때문에 둘러보는 재미가 제법 쏠쏠하지 않았는가?

가야 고분군

에구~ 나는 나이가 있어서 그런지 다리도 뻐근하고 입도 아프다네. 저질 체력이라 흉보지 마시게. 내 나이가 1400살이 넘는다는 걸 잊었는가? 이래서는 호락호락 토론방에는 못 가겠네. 알아서들 하시게나~ 아이고오. ~팔, 다리, 어깨, 허리야~~.

저자가 직접 강의하는 호락호락 한국사 3장
왼쪽의 QR코드를 찍어서 저자의 강의를 들어 보세요!
만약 QR코드가 안 될 경우에는 아래 링크로 들어오세요.
http://blog.naver.com/damnb0401/221112802276

토론 주제 : 문화재에도 등수가 있을까?

토론자 : 장웨이(중국 대표) 😊 , 다카무라(일본 대표) 👓 ,

　　　　그렇군 🧒 과 딴지양 👧

🧒 그렇군! 오늘 토론을 이끌 이야기꾼이 없다면서? 어쩌지?

🧒 나이가 워낙 많으신 분이라 그냥 가 버리셨대. 그런데 오늘 토론 주제는 뭐냐?

😊 문화재에도 등수가 있을까?

🧒 어, 넌 누구냐?

😊 나? 중국에서 온 장웨이! 아빠 따라 서울 왔다. 문화재 이야기, 우리 중국 빠질 수 없어 나왔다.

👓 나는 일본에서 온 다카무라야. 우리 아빠가 한국에서 일본어를 가르치셔서 한국에 온 지 꽤 됐어. 그런데 학교에서 고대 이야기만 나오면 자존심이 상해서 나왔어.

👧 와~ 그래서 우리 말 잘 하는구나. 장웨이는 온 지 얼마 안 됐나 봐? 단어만 얘기하네. 크크.

😊 한국말 우리하고 많이 달라, 힘들다.

그래도 그게 어디냐? 다들 반가워. 나는 그렇군, 여기는 딴지양이야. 그런데 다카무라, 넌 왜 고대 이야기만 나오면 자존심이 상한다는 거야?

너희들 이야기를 들어 보면 고대에는 한국이 일본에게 문화를 거의 다 전해 준 것처럼 들리던데? 우리가 마치 **미개인**처럼 보인단 말이야.

미개인
문명의 혜택을 받지 못해서 문화와 인지 발달 수준이 낮은 사람을 뜻해.

그게 사실 아냐? 백제 근초고왕이 왕인 박사를 보내 유교도 가르쳐 주고 불교도 전해 줬잖아? 고구려의 혜자 스님은 너희 나라에서 유명한 쇼토쿠 태자한테 불법을 가르쳤다던데? 그래서 그 태자가 아스카라는 불교문화를 꽃피웠다고 우리 선생님이 그러셨는데…… 아냐?

어~ 맞아. 왕인 박사는 지금도 우리 일본 사람들이 존경하는 사람이야. 쇼토쿠 태자는 아스카 문화를 만든 사람으로 유명해. 그때 지어진 호오류사는 일본의 보물 중의 보물이지.

거봐. 뭐 우리가 틀린 말 한 것도 아닌데 왜 그러니? 호오류사를 지을 때도 백제의 장인들이 도와주었다던데? 그 절의 금당 벽화도 고구려의 담징이 그렸다며? 그리고 가야인들은 단체로 들어가서 철기 기술을 다 전해 줬다던데, 뭐? 덕분에 일본의 철기 기술은 세계에서도 알아준다더라. 야하~ 일본은 우리한테 정말 많은 도움을 받았네!

헉! 딴지양, 너 언제 그렇게 역사 지식이 늘었냐? 놀라운데! 그런데 다카무라, 담징은 종이와 먹 만드는 방법도 가르쳐 주었다더라.

쳇, 전해 주지 않은 게 뭔지 찾는 게 더 쉽겠다!

잠깐만! 종이? 그거 우리가 만들었다. 세계 최초 우리 거 아주 많다. 불교, 유교 우리가 다 전해 준 거다. 그러니까 우리가 한국, 일본의 선생님이다.

혈~ 잘난 체는 혼자 다 하네. 뭐든지 다 지들이 했대! 가만, 불교도 너희 중국 거라고? 야! 석가모니 부처님이 인도 사람이지, 중국 사람이냐?

중국 살람 아냐? 아, 착각했다. 그러나 우리 한나라 장건이라는 사람이 비단길 개척했다. 비단길로 인도의 불교 경전, 불상 만드는 거, 불탑 만드는 거 다 들어왔다. 불교도 반은 우리 거 맞다. 한국, 일본 우리 불교 가져갔다. 로마, 중앙아시아, 중국 문화재 다 비단길로 왔다 갔다 했다. 우리 수고 많이 했다. 인정해라!

비단길

비단길로 들어오면 다 너네 거냐? 그럼, 이슬람교도 너네 거냐?

이슬람? 아, 그건 아니다. 유교는 우리 공자님이 만들었다. 이거는 진짜 우리 거다. 세 나라 다 유교 국가였다. 지금도 유교 남아 있다. 인정하지? 한자? 이거도 세 나라가 다 쓴다. 한국의 『삼국사기』는 우리 중국 한나라 때 역사가 사마천의 『사기』보고 쓴 거다. 비단? 이거 우리가 먼저 만들었다. 비단은 세계가 좋아하는 명품이다. 우리 중국 살람 만든 거 다 세계적으로 유명하다. 인정해라!

그래, 그래. 너네 정말 잘났다. 그거 자랑하려고 마음먹고 나왔나 본데, 노벨상은 우리가 더 많이 받은 건 아시나?

병마용갱
진시황릉의 무덤인데 흙으로 빚어 만든 병사와 말이 잔뜩 들어 있대.

다카무라! 흥분하지 마. 여기는 자기 생각을 자유롭게 말하는 곳이지, 말다툼을 하는 곳이 아니란다. 으흠!

병마용갱

더 말해도 돼? 한국 문화재 봤는데, 너무 작고 초라하다. 장군총 안 크다. 우리 진시황제 **병마용갱** 어마어마하다. 거기 있는 토용들 크고 멋지다. 신라 토우 촌스럽고 작아서 자랑하는 거 웃기다. 그리고 서산 마애삼존불 애기 같

룽먼석굴 대불

147

다. 우리 석불 많이 크다. 사람들, 석불 옆에 서면 개미 같다.

장웨이, 너 정말 잘난 체 심하다. 어휴~ 애, 진~짜 열 받게 하네.

워워~ 그렇군, 진정, 진정~.

흠, 흠. 그래, 너희 문화재가 아주 크고 뛰어난 거 다 인정해. 근데 너도 말했듯이 비단길을 통해서 들어온 여러 나라의 문화가 섞여서 그렇게 훌륭하게 된 거 아니냐?

우리나라의 세계적인 문화유산 중에 석굴암이 있는데 그 부처님은 인도의 간다라 미술의 영향을 받은 거래. 간다라 미술은 그리스의 알렉산더 대왕의 정복으로 생겨난 거라던데? 그리스 사람들이 대리석으로 조각을 잘 하잖아. 그걸 보고 인도인들도 부처님을 조각하게 됐는데 그게 비단길을 통해 중국과 신라까지 온 거지.

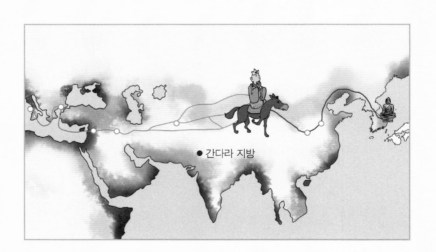

간다라 지방

그래? 와아~ 알렉산더 대왕이 정복왕인 줄만 알았는데 문화까지 전해 줬다는 거네?

그럼! 문화는 전쟁을 통해서도 전해지는 거야.

하긴, 여러 나라 사람들이 모이고 섞이게 되니까 그럴 거 같다.

내가 장웨이한테 하고 싶은 말은 중국이 아무리 큰 나라라고 해도 여러 나라들의 문화를 받아들이지 않았다면 그렇게 뛰어난 문화재를 만들지 못했다는 거야. 우리 선생님이 중국, 한국, 일본은 다 자기네 문화에 다른 나라의 문화를 받아들여 훌륭한 문화를 발전시킨 거라고 하셨거든.

넘 멋지다! 그렇군이 이렇게 말을 잘하는지 몰랐어.

그러게, 나도 놀라는 중이야. 흥분하니까 말이 술술 나온다.

그럼, 우리 일본이 한반도에서 문화를 들여온 걸 부끄럽게 생각 안 해도 되겠네?

잘난 체하는 중국도 다른 나라의 영향을 받은 거니까!

당연하지!

나는 말야, 다카마쓰 고분 벽화가 고구려의 수산리 고분 벽화를 따라 한 거라는 말이 참 듣기 싫었어. 우리 그림이 더 멋진데 뭘 따라 한 거냐고 따졌더니 고구려 거보다 200년 후에 그려진 거라 하더라고. 우리나라에 있는 칠지도도 나는 백제가 일본에게 바친 물건인 줄 알았는데 하사품이라고 하더라? 그리고 우리나라 보물 1호인 반가사유상이 한국의 금동반가사유상하고 똑 닮아서 정말 놀랐어. 그런데 이것도 원조는 금동반가사유상이라는 거야.

옛날엔 우리나라에 이런 말까지 있었대. "구다라 나이!"

이게 무슨 말이냐면 '구다라'는 백제란 뜻이고 '나이'는 아니라
는 말이야. '백제가 아니다'라는 건 촌스럽다는 뜻이었다나?

수산리 고분

다카마쓰 고분

칠지도

금동반가사유상

목제반가사유상

그래서 부끄러웠던 거야? 우리도 중국의 문화는 늘 앞선 문화라고 하면서 받아들였다던데, 뭐.

이제는 아냐. 문화는 물과 같다는 말이 무슨 뜻인지 알았어. 물이 흘러가야 썩지 않고 큰 바다를 만나듯이 다른 문화와 섞여야 훌륭해진다는 거잖아? 세계의 문화가 중앙아시아와 중국이 있는 대륙에서 만나고 다시 퍼져 나가 다양한 문화를 만들었다는 걸 알게 됐어. 너희들 이야기를 들으니까 열심히 다른 나라의 문화를 받아들여 일본의 독특한 문화를 만든 선조들이 자랑스럽고 고마워.

장웨이한테 나도 한마디 할게. 우리 문화재가 너희 중국 따라한 거다, 작고 촌스럽다 그러는데 나는 문화재는 크기로 비교하는 것 자체가 말이 안 된다고 생각해. 문화재는 그 나라 사람들이 그 나라에 있는 재료로 그 나라에 어울리는 예술품을 만드는 거 아니니?

만약 서산의 바위에 중국처럼 어마어마한 부처님을 만들었다면 사람들이 그 길로 다니지 않았을 거 같아. 아담하고 소박한 부처님한테는 이런저런 하소연을 할 수 있겠지만 내가 개미처럼 느껴지는 부처님한테는 무서워서 말도 못 꺼냈을 것 같거든.

오늘 딴지양 정말 훌륭하다! 나도 중국에 가서 병마용갱을 봤거든? 크기도 크고 말과 사람이 진짜 같아서 주눅이 들고 경주의 토우가 창피하더라고. 그런데 토우를 가만히 들여다보니까 그때 살았던 사람들의 모습이 그려지더라? 그냥 흙을 툭툭

건드려서 만든 것 같은데 노래하는 사람은 진짜 노래를 하는 거 같고, 허허 웃는 할아버지는 나도 따라 웃게 만들더라니까?

그건 네가 마음으로 문화재를 봐서 그런 거야. 아무 느낌도 없이 보면 아무리 훌륭한 문화재도 그냥 돌이고 쇠붙이일 뿐이라고 우리 역사 선생님이 그러셨거든.

큰 게 나빠?

아니, 그건 너희 나라에 어울리는 문화재야. 워낙 중국은 큰 나라잖니? 그러니 크게 만든 거지. 큰 부처님을 보면 마치 부처님 나라에 온 거 같은 느낌이 들 거 아냐? 병마용갱도 중국을 통일한 군대의 위대함을 보여 주려고 그렇게 크고 완벽하게 만들었다고 생각해. 그래서 멋있어!

오, 딴지양. 쯔이방드으, 쉐쉐!

뭔 말이래?

후후…… 최고야, 고마워!

장웨이, 나도 고마워. 비단길로 여러 나라의 문화가 들어오지 않았다면 우리도 훌륭한 문화재를 만들 수 없었을 거 아냐? 그리고 고대의 세 나라가 서로 사이좋게 문화를 교류하며 서로 다른 색깔로 빛났다는 게 참 아름다워. 그래서 지금도 세 나라 사람들이 서로 관광을 다니는 거 아닐까?

중국이 대단한 일을 하긴 했네. 인정! 헤이, 장웨이 선조에게 아리가또! 그렇군, 딴지양 선조에게도 아리가또!

고맙단 말이지? 다카무라, 그 말 다 까먹고 또 딴 말 하면 안 돼!

혜에~ 이제 이 다카무라 다 까먹지 않는다!

나는 우리 중국 커서 최고인 줄 알았다. 근데 문화 흐르는 거다, 나누는 거다, 다 소중하다. 잘난 체 미안하다.

와~ 이 훈훈한 분위기 정말 좋다!

애들아, 우리 고대의 세 나라 문화재를 한 곳에 모아 전시하는 건 어떨까?

안 된다. 중국 거 너무 많다.

세 나라가 교류한 흔적이 확실한 것만 뽑으면 되지.

그거 괜찮은 생각인데? 지도 위에서 문화재 그림이 막 움직이게 만드는 거야. 어때?

환상이겠다! 그럼, 제목은 '살아 있는 고대의 동북아시아 문화재'가 좋겠다.

애들아, 우리 이러다 밤새겠다. 근데 이 토론의 결론은 뭐야?

등수 없어. 다 쯔이방드으!

다 최고? 우하하하하 세 나라 사이가 우리 같으면 좋겠다, 그치?

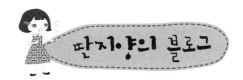

장웨이의 편지

나는 중국에서 온 장웨이입니다.

딴지양이 자기 블로그에 오늘 토론한 것을 올려 보라고 했습니다. 나는 우리 중국이 세 나라 중에서 제일 크고 문화재도 제일 훌륭하기 때문에 중국이 최고라고 생각했습니다. 한국의 문화재를 보면 크기도 작고 우리나라에서 본 것 같은 것이 많기 때문입니다.

그런데 그렁군과 딴지양이 설명해 주고 문화재를 마음으로 보니까 다르게 보였습니다. 아기자기하고 한국만이 가진 독특한 것이 많았습니다. 경주의 분황사 탑을 보고 벽돌을 쌓아 올린 것이 우리 중국 탑하

고 똑같다고 했더니 자세히 보라고 했습니다. 그랬더니 벽돌이 아니라 돌을 하나하나 다듬은 것이었습니다. 중국의 문화를 그대로 받아들이지 않고 새롭게 다시 만든 것이 훌륭했습니다.

고대의 세 나라 유물을 모아 보여 주는 전시회를 열면 좋겠습니다. 우리가 사이좋게 지내면서 얼마나 문화를 발전시켰는지 보여 줄 수 있으니까요.

세 나라의 문화, 다 최고입니다.

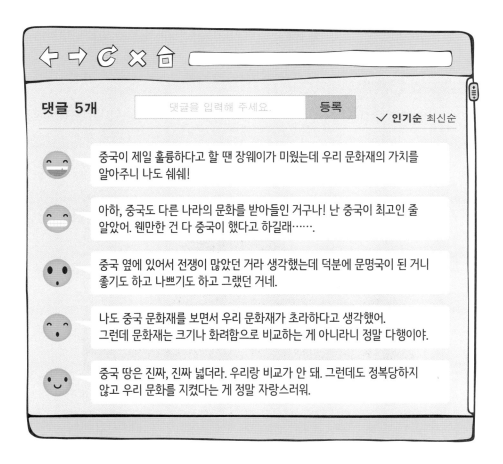

댓글 5개　　　　　댓글을 입력해 주세요.　　　　**등록**　　　✓ **인기순** 최신순

중국이 제일 훌륭하다고 할 땐 장웨이가 미웠는데 우리 문화재의 가치를 알아주니 나도 쉐쉐!

아하, 중국도 다른 나라의 문화를 받아들인 거구나! 난 중국이 최고인 줄 알았어. 웬만한 건 다 중국이 했다고 하길래……

중국 옆에 있어서 전쟁이 많았던 거라 생각했는데 덕분에 문명국이 된 거니 좋기도 하고 나쁘기도 하고 그랬던 거네.

나도 중국 문화재를 보면서 우리 문화재가 초라하다고 생각했어. 그런데 문화재는 크기나 화려함으로 비교하는 게 아니라니 정말 다행이야.

중국 땅은 진짜, 진짜 넓더라. 우리랑 비교가 안 돼. 그런데도 정복당하지 않고 우리 문화를 지켰다는 게 정말 자랑스러워.

다카무라의 편지

　나는 일본의 다카무라예요. 고대사를 배울 때 일본이 한반도에서 많은 걸 배웠다고 해서 속상했어요. 우리가 못나 보였거든요. 그런데 오늘 다른 나라의 아이들과 토론하면서 생각을 바꿨습니다. 왜냐하면 문화는 흐르는 물과 같아서 다른 문화와 섞여야 더 훌륭한 문화가 만들어진다는 것을 깨닫게 됐거든요.

　우리 일본이 동북아시아의 끝에 있었기 때문에 대륙의 앞선 문물을 한반도를 통해 받아들인 건 창피한 것이 아니라 정말 다행이고 고마운

거라는 것도요. 그래서 세계가 알아주는 일본의 문화가 됐으니까요. 문화를 전해 준 중국, 한국, 고맙습니다. 우리가 지금 한국보다 크고 잘 사는 나라여서 옛날의 고마움을 잊었던 것은 미안합니다.

　앞으로는 사이좋게 지내면서 문화를 더 발전시키면 정말 좋겠습니다.

　세 나라 문화 모두 사이코우!

댓글 5개

| 댓글을 입력해 주세요. | 등록 |

✓ **인기순** 최신순

다카무라, 사이코우라니? 너 지금 막판에 욕한 거냐?

에헤~ 사이코우란 최고란 뜻이야. 오해하지 마. 그런데, 다카무라!
너 같은 일본인만 있으면 세 나라가 다 사이좋게 지낼 텐데.
그리고 오늘 토론, 니 이름처럼 다 까먹지 마라.

문화가 물처럼 섞여야 훌륭해진다는 다카무라 말에 감동 먹었다!

다카무라! 너 참 쿨하다. 금방 알아듣고 이웃 나라들에게 고맙다는
인사까지 하다니. 나도 너처럼 중국에게 감사하다고 말할래. 중국, 쉐쉐!

고대문화를 전해 준 은인한테 도대체 일본은 왜 그렇게 못되게 구는 거야?

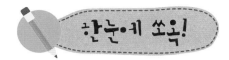
삼국의 문화가 일본에 전해졌어

삼국의 문화는 일본에 전해져 큰 영향을 주었어. 특히 백제는 한자와 불교를 전해 주면서 더 많은 도움을 주었지. 백제가 하사한 칠지도, 고구려 담징이 그린 호오류사 금당벽화, 고구려 수산리 고분과 닮은 다카마스 고분 벽화, 가야 문화를 모방한 토기와 철제도구는 이런 사실을 증명하고 있단다. 그리고 신라의 배 만드는 기술과 둑 쌓는 기술도 일본에 전해졌다고 해.

고구려 수산리 고분 벽화와 일본 다카마쓰 고분 벽화야. 여인들의 주름치마와 예쁘게 치장한 모습이 참 많이 닮았네.

근초고왕이 일본에 하사한 칠지도에는 청동에 금으로 글씨를 새겨 넣었어. 이걸 상감기법이라고 하는데 일본엔 없는 기법이었단다. 그리고 고구려의 담징이 그린 호오류사 금당벽화는 불에 탔었는데 잘 복원해 놓아 지금도 볼 수 있대.

우리의 금동미륵보살반가사유상과 일본 고류사에 있는 나무로 만든 미륵보살반가사유상이야. 두 불상의 미소나 모습이 쌍둥이 같지? 그건 두 불상 모두 우리가 만든 것이기 때문이야. 저 나무로 만든 불상은 일본에 보내졌는데 지금은 일본의 보물1호라는구나.

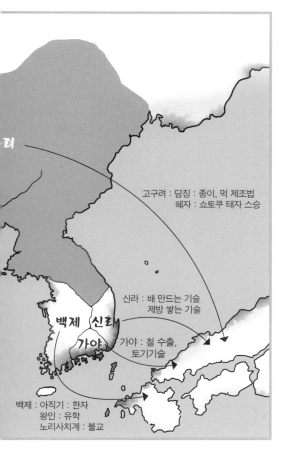

려

고구려 : 담징 : 종이, 먹 제조법
　　　　혜자 : 쇼토쿠 태자 스승

신라 : 배 만드는 기술
　　　 제방 쌓는 기술

가야 : 철 수출,
　　　 토기기술

백제　신라
가야

백제 : 아직기 : 한자
왕인 : 유학
노리사치계 : 불교

위쪽 토기는 가야 거고, 아래쪽 토기는 일본의 스에키 토기야. 와우~ 거의 똑같은데?

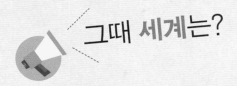

그때 세계는?

세계 곳곳에 멋진 문화가 탄생했어

세계에는 커다란 제국들이 등장해서 웅장한 건축물을 세웠어. 로마와 진나라가 가장 대표적인 나라지. 각 지역마다 사람들은 독특한 문화를 만들었고, 다른 지역과 교류를 통해 서로에게 배우며 문명은 더욱 발달했어.

로마는 기독교를 받아들이면서 유럽의 대제국이 되었어. '모든 길은 로마로 통한다.'는 말처럼 정복지 곳곳에 도로를 세우고 사람과 물건이 오고 갔지. 원형경기장인 **콜로세움**은 로마의 가장 유명한 건축물이야.

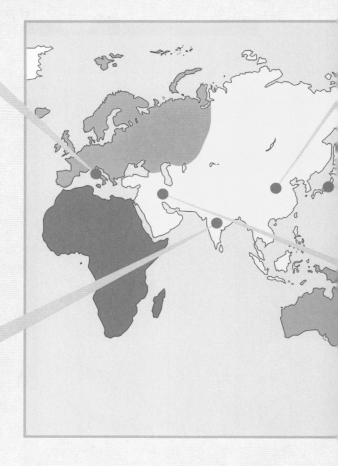

그리스 영향을 받아 인도지역에 불상이 만들어졌는데 이를 간다라 미술이라고 하지. 부처님이 어딘지 모르게 그리스인 같기도 하잖아? **아잔타 석굴**은 수백 년 동안 만들어진 석굴로 인도의 고유 문화가 담겨 있어. 신라의 혜초 스님도 이곳을 다녀갔을까?

400여 년에 걸쳐 만들어진 **룽먼석굴**이라 어마어마하게 크고 다양한 시대의 모습이 담겨 있어. 17 미터가 넘는 부처님도 있지.

일본 쇼토쿠 태자는 삼국의 문화를 받아들여 아스카라는 불교문화를 이끌었어. 그때의 호오류사는 백제 기술자가 건물을 짓고 고구려 승려 담징이 금당벽화를 그렸대.

가야 뿔잔

신라 술잔

페르시아 술잔

지역은 엄청 떨어져 있었는데 어째 술잔의 모습이 닮았어. 세계는 교류를 하면서 서로에게 배운 게 확실하지?

5세기
신라 실성 마립간 때 백결 선생

5세기
백제 개로왕 때 도미 부인

6세기
고구려 평원왕 때 바보 온달

6세기
백제 무왕 때 서동과 선화 공주

6세기
신라 진평왕 때 가실과 설씨녀

7세기
신라 원효와 의상 대사

4장

우리
이야기도
들어줘

나는 솥단지야. 백성들이 제일 아끼는 재산이지.

그들이 가는 곳엔 언제나 내가 있었거든?

백성들은 등 따습고 배부른 게 최고였으니까.

그리고 백성들이 모인 곳엔 언제나 이야기도 있었어.

여기선 그 이야기를 좀 해 볼까 해.

나는 몸이 무거워서 빨리 움직이지 못하니까

천천히 나를 따라오렴.

솥단지가 들려주는
삼국 시대 사람들 이야기

어영~차, 『호락호락 한국사』를 읽는 친구들, 안녕! 나는 보다시피 철기로 만들어 몸이 무거운 솥단지야. 하지만 사람들에겐 없어선 안 될 요술단지지. 왜냐구? 쌀을 안치면 밥을 만들어내고, 쌀가루를 올리면 떡을 쪄내거든. 그런데 오늘은 특별히 삼국의 말, 말, 말들을 모아서 풀어낼 이야기 솥단지가 되기로 했어.

삼국 시대 사람들은 나 없이 못 살았지. 아침에 눈을 떠도 나, 솥단지부터 찾았고 전쟁이 일어나도 나, 솥단지부터 이고 지고 갔으니까! 삼국의 이야기는 내가 제일 잘 알지 않겠어? 내 이야기는 딱딱한 역사책에는 절대 안 나오는…… 어때, 들어볼 테야? 저기 만주와 한반도 북부에 있었던 고구려 이야기부터 풀어 보일게. 이야기 솥단지를 돌려라~~ 야압!

평강 공주의 바보 신랑, 온달

고구려에 온달이란 사내가 살고 있었어. 얼굴도 못생기고, 가진 것도 없고, 떨어진 옷에 해진 신발을 신고 다니니 다들 바보 온달이라고 했지. 하지만 밥을 빌어서라도 눈먼 어머니를 모시는 정말 착한 아들이었어.

그때 고구려를 다스리던 평원왕에겐 울보로 소문난 평강 공주가 있었지. 툭하면 울어 대는 공주를 보고 왕은 울 때마다 이렇게 말했대.

"아, 이런! 그렇게 울어 대기만 하니 대장부의 아내가 되긴 글렀구나. 바보 온달에게나 시집보내야 되겠다!"

세월은 화살 같이 흘러 공주의 나이가 열여섯이 되었어. 가던 새가 돌아보고 방실 피어나는 꽃도 고개를 숙일 만큼 어여쁜 나이가 되자 왕은 훌륭한 가문의 남자에게 시집을 보내려 했지.

그러자 평강 공주가

"늘 바보 온달에게 시집보낸다 하시지 않았습니까? 백성도 함부로 말하지 않는데 임금님이 어찌 헛된 말씀을 하시는지요? 소녀, 온달에게 시집가겠습니다."

요렇게 당당하게 말했다지 뭐냐? 이 말에 크게 화가 난 왕은 이렇게 맞받아쳤대.

"정, 네 뜻이 그렇다면 네 갈 데로 가거라, 못된 것!"

그랬더니 공주는 정말로 보물 팔찌 수십 개를 끼고 궁궐 밖으로 나가서 물어물어 온달의 집을 찾아갔더란다.

눈먼 늙은 할멈을 보자 단박에 온달의 어머니임을 알아보고 공주는 절부터 올렸지. 그러면서 온달을 만나러 왔다고 했어. 느닷없이 공주의 절을 받은 할멈은 공주의 손을 어루만지더니 이렇게 말했어.

"그대에게서 향기가 나고 손은 솜처럼 부드러운 걸 보니 귀한 분인데 어찌 여기까지 오셨소? 우리 아들은 굶주림을 참지 못해 산으로 느릅나무 껍질을 벗기러 갔다오."

얼마나 가난했던지 먹을 것이 없어서 나무껍질을 벗기러 갔다는 거야. 그때는 백성들이 흉년이 들거나 전쟁이 나면 굶주림과 전염병으로 죽는 일이 허다했거든. 나무껍질로 연명하는 일은 온달만 겪었던 일이 아니었단다. 그러나 귀하게 자란 공주는 사람이 나무껍질을 먹다니 깜짝 놀랐을걸? 아, 그런데도 공주는 물러서지 않고 날도 어두워지는데 온달이 갔다는 산까지 찾아갔지. 온달은 공주의 고운 자태에 놀라 여우나 귀신이 나타난 것이라 생각했나 봐.

"훠이~~ 요망한 것, 썩 꺼지거라."

그러고는 뒤도 안 돌아보고 혼자 산을 내려왔는데, 다음 날 공주가 다시 찾아와 아내로 맞아주기를 간청했어. 온달은 공주와 어울리지 않는 비루한 처지라며 고개를 절레절레 흔들었지.

이거 어째 좀 역할이 뒤바뀐 거 아냐? 대부분 남자가 여자에게 혼인해 달라고 매달리던데. 그런데 고구려 공주는 용감도 하지! 눈먼 홀어머니를 모시는 찢어지게 가난하고 못생긴 바보에다가 싫다는 남자에게 그토록 끈질기게 매달리다니 말이야.

아무튼, 공주가 몇 번이고 찾아오자 고개를 절레절레 흔들던 홀어머니와 온달은 공주의 진심에 감동해서 가족으로 받아들였어. 공주는 수십 개나 끼고 나왔던 보물 팔찌를 팔아 땅도 사고 집도 사서 살림살이를 갖추었지.

살림살이가 웬만큼 갖추어지자 이번엔 온달에게 말을 사오라고 일렀어. 시장에서 파는 말이 아닌 병들고 여윈 말이라도 꼭 나라에서 내다 파는 말을 사오라고 했지. 아, 역시 공주는 똑똑해! 쓸모가 다한 말일지라도 나라에서 쓰였던 말은 워낙 좋은 말이었을 테니까.

공주의 당부대로 사온 말을 부지런히 먹였더니 과연 얼마 안 가 살이 붙고 건강한 말이 되었어. 그날로 공주는 온달에게 글과 무예를 열심히 가르쳤지. 고구려에서는 무예가 최고의 능력이었거든. 온달은 어제와 오늘이 다르게 무예 실력이 늘어만 갔지. 그리고 드디어 기회가 찾아왔어!

고구려에선 3월 3일이면 사람들이 모여 사냥을 하고 하늘과 산천 신에게 제사를 지내는데 바로 그날이 되었거든. 왕과 신하 그리고 수백 명의 병사들이 평소에 갈고 닦은 실력을 보여 주는 사냥 대회가 열렸

산천 신
산과 강을 다스리는 신이야.

는데 아, 글쎄 웬 사내가 바람보다 빠르게 달리며 화살을 쏘아 댔지. 그리고 그때마다 사냥감이 픽픽 쓰러지는 게 아니겠어?

혜성처럼 나타난 사내가 누구인지 몹시 궁금했던 왕은 사내의 이름을 물었어. 온달이라고 대답하자 왕은 할 말을 잃었지. 왜 아니겠어? 바보로만 알았던 온달이 출중한 무예를 지닌 늠름한 사나이였다니 도저히 믿을 수가 없었던 거지.

그런데 얼마 뒤 북쪽의 기마 민족이 쳐들어왔는데 온달이 나서서 눈 깜짝할 틈도 주지 않고 적을 수십 명이나 베어 버렸어. 이 모습에 고구려군은 크게 용기를 얻어 적들을 물리쳐 버렸대. 그제야 왕은 온달에게

"오, 과연 내 사위로다."

하면서 높은 벼슬을 내렸단다. 공주에게 괘씸했던 마음도 풀리고 오랜만에 부녀가 만나 이야기꽃도 피웠겠지? 여기까지는 착한 사내가 지혜롭고 능력 있는 공주를 만나 출세하는 이야기일 뿐이야. 그러

나 이어지는 이야기는 해피엔딩이 아니란다. 마음까지 짠해지는 슬픈 이야기인데, 더 들어볼래?

온달 장군은 날로 이름이 높아지고 왕의 총애도 받았지만 고구려의 장수로서 반드시 이루고 싶은 꿈이 있었어. 신라에게 잃어버린 한강을 다시 찾는 거였지. 그래서

"대왕께서 군대를 내어주신다면, 한강 유역을 다시 찾아오겠나이다."

이랬다는구나.

왕은 아주 기쁜 마음으로 군대를 내어주었지. 온달 장군은 한강을 되찾지 않으면 돌아오지 않겠다는 굳은 결심을 하고 전쟁에 나섰대. 그리고 신라가 상상도 못할 작전을 펼쳤어. 신라 땅 깊숙한 곳까지 산을 타고 내려가 신라의 요새를 급습한 거야! 용맹무쌍한 고구려 사내의 기세에 놀란 신라군은 처음엔 몹시 허둥댔대. 설마 이곳까지 고구려군이 내려오랴 하는 곳에 무장한 고구려군이 쓰윽 나타난 거니까. 아~ 그러나 승리는 온달 장군의 몫이 아니었나 봐. 폭우처럼 쏟아지는 신라군의 화살에 한강을 되찾겠다는 온달 장군의 꿈이, 고구려의 꿈이 산산조각이 나고 말았거든.

그런데 장례를 치르려고 온달 장군의 관을 옮기려 하자 도무지 움직이지 않더라는 거야. 보다 못한 공주가 관을 어루만지며

"이제 다 끝났으니 그만 돌아갑시다."

이러니까 그제야 관이 움직였다대? 에구, 에구~ 얼마나 한강을 다시 찾으려는 마음이 컸으면 죽어서도 발길이 떨어지지 않았던 걸까.

충북 단양 온달산성

서양에선 공주와 왕자 이야기가 '행복하게 잘 살았습니다'로 끝나던데, 이제 다 끝났으니 돌아가자는 공주의 말은 왜 이리 슬픈지 모르겠다. 빼앗긴 한강 유역이 고구려에게 얼마나 중요한 곳이었는지 말해 주는 이야기라서 그런가? 왕의 사위가 죽어서라도 찾고 싶었던 곳이 한강유역이었다는 이야기에서 또 한 번 한강의 힘을 느끼게 되는구나.

그리고 고구려의 막강한 힘이 어디서 나왔는지도 알 것 같지 않니? 바보로 소문났던 온달이 부마가 되고 장군이 된 걸 보면 신분보다 무예를 더 중요하게 생각했던 고구려가 보이잖아! 무예가 뛰어난 용맹한 사람을 더 대접해 줬기 때문에 고구려는 오래도록 동북아시아 강자가 될 수 있었나 봐.

그런데 가만 생각해 보면 온달은 바보가 아니었던 거 같아. 다만 가난해서 배울 기회가 없었던 거지. 나무껍질을 벗겨 먹으면서도 눈 먼 어머니를 정성껏 모시는 우직한 온달을 공주만은 눈여겨봤던 거야. 온달의 겉모습이 아닌 착한 마음을 알아보고 기회만 주면 떨치고 일어날 능력이 있다는 것도 알아본 거지.

신분도, 재물도 마다하고 오로지 착한 마음과 성실함을 최고라 여기고 신랑감을 선택한 평강 공주! 자기가 옳다고 생각한 것은 그대로 직진하는 평강 공주! 정말 매력이 넘치는 공주 아니니? 동서양에서 제일 지혜롭고 멋진 공주를 고르라면 나는 절대 흔들림 없이 평강 공주를 택할 거야. 고구려 백성들은 두말 할 것도 없겠지?

왕의 사랑도 물리친 도미 부인

자, 이젠 백제 땅으로 내려가 볼까? 이야기 솥단지를 돌려라~~ 얍, 찾았다!

이번에 들려줄 이야기는 고구려가 한강까지 내려와 먹잇감을 노리는 호랑이처럼 백제 코앞에 있던 개로왕 때의 이야기야. 그러니까 앞서 들려준 온달 이야기보다 더 오래된 이야기지.

도미라는 남자가 살고 있었는데 아주 의리 있는 사나이였대. 그의 아내도 아름다울 뿐만 아니라 행실도 어찌나 반듯한지 마을 사람들이 입에 침이 마르도록 칭찬을 했다지? 그 소문을 왕이 듣더니 도미를 불러들였어. 상이라도 내리려나~ 했는데…… 이런, 그게 아니었어.

"네 아내가 아무리 행실이 반듯하다고는 하나 임금인 내가 아내로 삼으려 한다면 마음이 흔들리지 않겠느냐?"

도미가 꿋꿋하게 대답했지.

"사람의 마음이란 알 수 없는 일입지요. 허나 제 아내는 죽는 일이 있더라도 변치 않을 겁니다."

왕은 도미의 아내를 시험해 보고 싶다는 생각이 들었어. 그래서 신하를 왕으로 변장시켜 도미의 집으로 보냈지.

가짜 왕은 도미의 아내에게 말했어.

"내가 도미와 내기를 해서 이겼느니라. 그러니 이제부터 너는 내 사람이다."

그러자 도미의 아내가 순순히 이렇게 말했어.

"어찌 **지엄**하신 임금님의 명령을 따르지 않겠습니까? 누추한 곳이지만 먼저 방에 드시지요."

어라, 절개가 있는 여인이라더니 이게 무슨 일이래? 그런데, 그런데…… 도미의 아내가 여종을 곱게 단장시키더니 자신인 양 꾸며서 가짜 왕에게 들여보냈던 거야.

자기의 시험에 덜컥 걸려들 줄 알았던 왕은 노발대발하더니 아주 포악한 앙갚음을 했어. 글쎄 도미에게 임금을 속인 죄를 들씌워 두 눈을 뽑아 버린 거야. 헉…… 그것도 모자라 앞도 못 보는 도미를 강물에 띄워 보냈대.

그러고도 분이 안 풀렸던지 왕은 도미 부인에게 당장 자기를 모시라고 했지. 도미 부인은

"이제 지아비도 없는데 임금님의 사랑을 마다하겠습니까? 꽃단장할 시간을 주십시오."

이렇게 말했어. 왕은 아무리 절개가 높아도 제 까짓게 뭘 어쩌랴 싶어 허락했지.

하지만 도미의 아내는 그길로 달아나 버렸어. 달리고 달려서 강에 이르렀는데 아뿔싸, 배가 한 척도 보이지 않는 거야. 도미의 아내는 하늘을 우러르며 울고 또 울었지. 그러자 어디선가 배 한 척이 스

르르 다가오는 게 아니겠어? 그 배에 올라타서 정처 없이 떠돌다 어
느 섬에 도착해 보니 이게 웬일이니, 도미가 바로 눈앞에 있는 거야.

두 사람은 다시 만나 고구려 땅으로 들어갔는데 고구려 사람들이
불쌍히 여겨 옷과 먹을 것을 주었대. 구차하게 나그네로 떠돌며 살았
지만 두 사람은 끝내 함께였다는구나.

이 이야기 속의 개로왕은 장수왕과 싸우다 죽은 비운의 왕이야. 선
조인 아신왕이 광개토대왕과 용감하게 맞섰지만 한강 유역을 빼앗
겼고 광개토대왕의 아들인 장수왕도 평양으로 천도하며 백제를 치
려 했잖니? 그래서 개로왕은 늘 고구려의 침략을 걱정하며 긴장 속
에 살았을 거야.

그런데 개로왕은 장수왕이 보낸 첩자, 도림의 꾀에 빠져 궁궐을 크
게 짓다가 고구려 침략으로 한성을 빼앗기고 죽었잖아? 에구~ 첩자
도 못 알아보는 어리석은 왕으로도 모자라 이야기 속에선 백성을 괴

롭히는 포악한 왕으로 남았으니 저 세상에서도 개로왕은 정말 괴로울 거다. 한강과 백제의 수도를 지켜내지 못한 왕이라 이렇게 이야기 속에서도 두고두고 욕을 먹는 거 아닐까?

그런데 가만, 의리 있는 도미와 반듯한 아내는 백제에서도, 고구려에서도 그다지 행복하지 못했나 봐. 나그네로 떠돌며 살았다는 걸 보면 말이야. 어쩐지 순박하게 살려던 백성들이 권력자들에게 이리 치이고, 저리 치이던 모습을 보는 것 같아 마음이 아프네.

백성이 바란 사랑, 서동과 선화 공주

백제는 고구려에 쫓겨 공주로 도읍지를 옮겼다가 성왕 때 다시 부여로 옮겼다고 했지? 한강을 잃고 도읍지를 이리저리 옮겨야 했던 백제는 예전의 영광을 못 찾고 귀족들에게도 권위가 서지 않았대. 그래서 어렵게 왕이 된 무왕은 신라를 공격해서 백제의 힘을 다시 세우려 했어.

무왕은 처음에는 신라에게 완패했지만 계속 공격을 퍼부어 나중에는 싸울 때마다 크게 이겼지. 백제가 2, 3년에 한 번씩 공격해대니 신라의 진평왕은 중국의 당나라에게 백제를 좀 말려달라고 하소연을 할 정도였대. 백제의 무왕과 신라의 진평왕은 평생을 밀고 밀리는 싸움을 했던 적수였던 거야. 그런데 지금 내가 들려줄 이야기는 그때의 현실과는 아주 다른 이야기라 어리둥절할지도 몰라. 이야기를 전하는 나도 헷갈리니까 말이야. 그러니 귀를 활짝 열어 다 들어 보고 왜 그런 이야기가 만들어졌을까 생각해 보렴.

부여 사비성 남쪽 연못가에 남편을 일찍 여읜 여인이 살았는데 어느 날 연못의 주인인 용의 아들을 낳았대. 사람들이 수군댈 일이었지만 함부로 말하지는 못했어. 용이란 진짜 용이 아니라 왕이나 왕족을 그렇게 말했거든. 그러니 다들 쉬쉬했겠지. 그런데 용의 아들은 무슨 까닭인지 마를 캐어 먹고 살았다지 뭐냐? 그래서 이름도 마를 캐는 아이라는 뜻에서 서동이라고 했어. 비록 마를 캐어 시장에 내다 팔며 살았지만 훤훤장부에 재주가 뛰어나고 마음이 넓어서 마을 사람들이 아주 좋아했대.

그런데 신라 진평왕의 셋째 딸이 날아가던 새도 돌아볼 만큼 어여쁘다는 소문이 자자했단다. 이 소문을 들은 서동은 기묘한 꾀를 하나 내었어. 머리를 깎고 신라의 서라벌에 들어가 아이들에게 마를 거저 주면서 노래를 시킨 거야.

"🎵선화 공주님은 남몰래 시집을 가서 서동 도련님을 밤마다 몰래 안고 간다네. 🎶"

아, 이런 해괴망측한 노래를 아이들은 마를 거저 얻어먹는 맛에 신나게 부르고 다녔더란다.

이 노래 때문에 귀하신 공주님이 천한 서동과 사랑에 빠졌다는 소문은 걷잡을 수 없이 빠르게 서라벌에 퍼져 나갔어. 왜 발 없는 말이 천리를 간다지 않던? 망측한 소문에 기겁을 한 관리들은 공주를 멀리 귀양 보내야 한다며 들고 일어났지. 공주에 대한 소문이 갈수록 나빠지자 진평왕은 관리들의 말을 따를 수밖에 없었대. 아무 잘못도 저지르지 않았지만 공주는 변명 한 마디 못한 채 궁궐에서 내쳐지는 신세가 되었던 거지. 이런 게 바로 마른하늘에 날벼락 치는 일일 거야. 고생길이 훤해 보이는 공주가 안타까웠던 왕후는 순금을 한 말이나 내주며 눈물로 작별을 했어.

느닷없이 버림을 받은 공주는 얼마나 서럽고 두려웠을까? 그런데 귀양길에서 지쳐갈 즈음 웬 사내가 나타나서 공주의 곁을 지키겠다고 하는 거야. 의지할 데 없어 불안에 떨고 있었는데 훤하니 잘생긴 사내가 믿음직한 말을 하니 공주는 순순히 허락했지. 아, 그런데 이름을 물었더니 서동이라 하지 않겠어? 공주는 노래가 예언처럼 맞는 걸 보니 이게 다 하늘이 정한 운명이라 여겼지. 그렇게 두 사람은 자연스럽게 부부가 되었어.

서동의 꾀가 보통이 아니지? 그런데 여기서 끝이 아니야.

백제 땅으로 들어와 공주가 살림을 장만하려고 금을 꺼내 보이니 서동이 묻는 거야.

"이게 무엇이오?"

"백년을 부자로 살 금이라는 귀한 물건입니다."

그러자 서동이 이런 건 자기가 마를 캐던 곳에 진흙처럼 널렸다고 하는 거야. 공주가 크게 놀라며 이렇게 말했지.

"그 귀한 것을 부모님이 사시는 궁궐로 좀 보내 주실 수는 없는지요?"

"그렇게 하다마다요."

그러더니 서동은 황금을 모아 언덕처럼 쌓아 놓았대. 탐나지?

그런데 이 많은 보물을 어찌 보낼지 방법이 없는 거야. 그래서 지명 법사에게 방법을 물으니 아, 이 법사가 도술이 얼마나 신통하던지 하룻밤 만에 신라 궁궐로 그 많은 황금을 다~ 옮겼다는 거야! 그 뒤 어떤 일이 벌어졌을까?

통 큰 사위와 법사의 신통력에 놀란 진평왕은 존경하는 마음에 늘 편지로 서동과 선화 공주의 안부를 물었대. 그리고 서동은 이 일로 세상의 인심을 얻어 백제의 왕이 되었다는구나. 아주 화기애애하고 달달한 이야기지? 이제 두 나라 백성들도 사이좋게 지내는 이야기가 이어지니 더 들어 봐.

어느 날 백제의 왕과 왕비가 된 두 사람이 지명 법사가 있는 사자

사로 가던 길에 기이하고 신묘한 일을 겪었어. 큰 연못 한 가운데에 미륵불이 세 분이나 나타나신 거야. 미륵불은 전쟁과 죽음이 없는 평화롭고 행복한 세상을 열어 주시는 부처님이래. 그래서 백성들이 기다리던 부처님이었거든. 감격한 왕과 왕비는 미륵불이 나타난 곳에 절을 세우기로 했는데 그곳이 연못이잖아? 그런데 이번에도 지명 법사가 신통술로 산을 무너뜨려 연못을 메웠다는 거야. 그것도 딱 하룻밤 만에!

하룻밤 만에 메운 땅에 미륵사를 세우는데 진평왕이 100여 명의 장인을 보내 주었어. 평화로운 세상을 활짝 열어 줄 미륵사를 백제와 신라가 함께 힘을 모아 지었던 거지. 나무를 베고 다듬고 대들보를 올리는 소리가 얼마나 활기가 넘치고 신이 났을까? 두 나라 백성들은 어깨춤이 절로 났겠지! 그래서 그런가, 부처님을 모시는 금당

을 세 곳이나 마련하고 거대한 탑을 세 개나 세웠어. 옛날부터 3은 완벽한 숫자로 여겨졌거든. 아무튼 미륵사는 어마어마하게 큰 절이었어.

수완
일을 꾸미거나 해결하는 재주와 솜씨지.

태평성대
나라가 안정되어 백성들이 걱정 없이 행복하게 사는 모습이야.

이만하면 신라를 떠들썩하게 했던 서동요 덕분에 두루두루 행복하게 된 거 아니겠니? 위기를 맞았던 공주는 백제의 왕비가 되고 부모님께 황금을 잔뜩 선물했으니 효녀가 되었잖아. 마나 캐어 먹던 서동은 신라의 어여쁜 공주를 아내로 맞은 데다 신라의 왕실과 화목한 관계도 만들었어. 이 능력으로 인심을 얻어 왕까지 되었고. 진평왕은 **수완**이 뛰어난 사위를 얻어 재물도 얻고 평화도 지켜 **태평성대**를 이뤘고 말이야. 바로 이웃한 두 나라의 사이가 좋아져 백성들도 전쟁과 가난에서 벗어날 수 있었으니 이보다 더 좋을 수 있을까? 그런데, 그런데 이건 이야기일 뿐이야. 이 이야기가 실린 『삼국유사』에도 "이런 이야기가 전하니 기이하다"고 했거든.

사실 그때는 백제와 신라가 손을 잡고 한강 되찾기를 하다가 신라가 한강을 독차지했기 때문에 사이가 그다지 좋지 않았어. 그래서 백제의 무왕과 신라의 진평왕은 평생을 다투는 적수가 될 수밖에 없었고 잦은 전쟁으로 두 나라 백성들도 엄청 시달렸지.

그런데 어떻게 이런 태평스런 이야기가 전해졌던 걸까? 그건 아마 전쟁에 지친 백성들이 이제 그만 두 나라가 평화롭게 살기를 바랐기 때문일 거야. 백성들의 간절한 소망이 서동요와 미륵사 이야기를 낳았던 거지. 전쟁에 시달렸던 백성들이 얼마나 평화를 바랐는지 알 거

황량한 미륵사 터

같아, 마음이 짠해지지 않니?

무왕이 지은 웅장하고 화려했다던 미륵사는 이제 터만 덩그러니 남았어. 세 개나 됐다던 탑 중에 서쪽 탑도 다 부서진 채 겨우 서 있을 뿐이야. 황량한 미륵사의 모습은 전쟁이 얼마나 살벌했던가를 보여주는 것만 같구나.

전쟁에 지친 가실과 설씨녀

이번엔 신라 백성들의 이야기를 좀 들어 볼까? 서동과 선화 공주 이야기와 같은 시대에 신라에는 이런 이야기가 전해지고 있어. 마치 같은 시대 다른 이야기처럼 들릴지도 몰라.

신라는 한반도의 후미진 지역의 작은 나라였을 때는 이웃 나라들의 침략을 많이 받아서 기를 못 폈는데, 진흥왕부터는 땅을 넓히느라 또 전쟁이 끊이질 않았어. 이래저래 백성들은 성을 쌓느라 불려 나가고 나라를 지키느라 불려 나갔지. 그때 백성들이 얼마나 고달팠는지 가실과 설씨녀 이야기를 들으면 이해하게 될 거야.

진평왕이 다스리던 때 밤골 마을에 설씨녀가 살고 있었어. 설 씨성을 가진 여자란 뜻이니 아버지가 밤골의 설 씨로 불렸을 거야. 아무튼 설씨녀는 집안은 가난했지만 반듯하고 어여뻤대. 동네 총각들은 애를 태웠으나 감히 말도 건네지 못했지.

그런데 이미 오래전에 군대를 다녀온 늙고 병든 아버지에게 또 다시 군대에 가라는 명령이 떨어졌어. 그것도 백제와 국경을 맞대고 있는 위험한 지역으로 말이야. 설씨녀는 여자라 아버지 대신 군대에 갈 수도 없어 발만 동동 구르고 있었지. 늙고 병든 아버지가 군대에 가면 다시는 못 볼 것이 뻔했기 때문이야.

그때 이웃 마을의 가실이라는 청년이 설씨녀를 찾아와 말했어.

"보잘 것 없는 사내지만 그대 아버님 대신 군대에 가겠습니다."

가실은 이미 오래전에 설씨녀를 사랑하고 있었지만 집안이 너무 가난해서 혼인하자는 말도 못하고 바라만 보고 있었거든.

이 소리를 들은 설 씨는 그 고마움에 이렇게 말했대.

"젊은이가 이 늙은이 대신 군대에 가겠다니 고마워 이를 어쩌누? 어리고 모자란 우리 딸아이가 마음에 든다면 사위 삼고 싶네만……."

가실은 뛸 듯이 기뻐하며

"제가 원하고 또 원하던 일입니다."

하면서 넙죽넙죽 절을 올렸지.

이제 혼인날만 잡으면 되겠구나 싶었는데, 설씨녀가 이렇게 말하는 거야.

"혼인은 일생의 중요한 일이니 이렇게 갑자기 치를 수는 없습니다. 이미 제 마음을 허락했으니 죽어도 변하지 않을 거예요. 그러니 3년

뒤 좋은 날을 잡아 혼인했으면 합니다."

들어 보니 그 말이 맞거든. 그래, 두 사람은 거울을 반으로 쪼개 한 쪽씩 나누어 가지며 훗날 다시 만날 것을 꼭꼭 약속했지. 가실은 떠나면서 자기가 기르던 말을 잘 길러 줄 것을 부탁했어. 아마도 가실이 가진 전 재산이었을 거야.

두 사람은 3년 뒤 다시 만날 것을 약속했지만 백제와의 전쟁이 한창이던 진평왕 때 아니냐? 전쟁은 갈수록 치열해져서 군인이 모자랄 지경이니 가실이 약속한 때 돌아올 수가 있었겠어? 정해진 기간인 3년을 넘기고 6년이 지나도 가실은 소식이 없었지. 지금처럼 카톡을 할 수도 편지를 보낼 수도 없으니 무소식이 희소식이려니 했는데, 그 사이 설씨녀는 혼기가 꽉 차고도 넘쳤어. 걱정이 된 아버지는 설씨녀를 다른 남자에게 시집보내려 했지. 그러자 설씨녀가

"아버지, 그 사람은 아버지 대신 여러 해를 추위와 굶주림에 시달

리고 있어요. 호랑이 아가리 같은 싸움터에서 밤낮으로 무기도 내려 놓지 못하는 사람을 어찌 저버리겠어요?"

라며 눈물로 아버지의 말을 따르지 않았어.

그러나 늙고 병이 깊어진 아버지는 짝도 없이 늙어갈 딸이 너무 걱정되어 몰래 다른 남자와 혼인날을 잡고 말았지. 설씨녀는 야속한 마음에 도망가려 했으나 그것도 뜻대로 되지 않았어. 그저 마구간에서 가실이 남기고 간 말을 쓰다듬으며 울고 있을 뿐이었지.

바로 그때 웬 사내가 마을로 턱 들어섰어. 다 떨어진 옷에 비쩍 말라 눈만 번쩍이는 이 사내가 누군지 아무도 몰라 봤는데…… 설씨녀 집으로 막 내달리는 거야. 그러더니 울고 있는 설씨녀 쪽으로 깨진 거울 반쪽을 '툭' 하고 던졌지. 거울을 확인한 설씨녀는 어깨를 들썩이며 흐느껴 울었어. 그 사내는 바로 가실이었던 거야.

집안 사람들은 놀라고 당황했겠지? 그러나 죽었으려니 했던 사람

덕담
상대방이 잘 되라고 좋은 말을 해 주는 거야.

이 살아서 돌아온 거잖아? 모두들 기뻐하며 다시 혼인날을 잡아 떠그르르하게 혼례를 치렀단다. 화려한 혼례란 소리가 아니라 마을 사람들의 마음과 정성으로 떠그르르 했단 거야. 그리고 가실과 설씨녀는 검은 머리가 파뿌리가 될 때까지 서로 의지하며 살았대.

그런데 말이야, 몰래 혼인날을 잡았던 그 남자는 어찌 됐을까? 우리는 왜 이런 게 늘 궁금하잖아? 『삼국사기』에 뒷이야기까지는 없지만 짐작은 해 볼 수 있지. 그 남자는 호랑이 아가리 같은 전쟁터에서도 살아 돌아온 가실에게 기꺼이 이런 **덕담**을 건네지 않았을까?

"아들, 딸 낳고 잘 사시오."

와우, 마음이 바다 같은 남자일세! 믿거나, 말거나!

거문고로 가난을 달랜 백결 선생

애들아, 곡식을 잘 찧는 내 친구 방아가 들려준 이야기가 하나 있는데 들어 볼 테야?

신라의 경주에는 승냥이가 누운 모습 같다고 낭산이라 불리는 곳이 있어. 이 낭산에선 가끔 신선들이 노니는 것처럼 구름이 일고 향기까지 났다대? 그래서 신라 사람들은 이 산을 신성하게 생각했는데 바로 그 낭산 자락에 백결 선생이 살고 있었어. 백결이라는 이름은 지독하게 가난해서 붙여진 이름이래. 옷을 백 군데나 기워 마치 메추

라기를 매단 것 같았기 때문이었다나?

백결 선생은 가난했지만 기쁘거나 슬프거나 거문고를 켜고, 화나거나 즐거워도 거문고를 켰대. 세상 모든 일을 거문고 하나로 풀어 버렸다는 거지.

그런데 한 해가 다 저물어 갈 무렵 이웃집에서는 쿵덕쿵덕 방아 찧는 소리로 즐거운데 백결 선생의 집만 조용했어. 아내는 한숨을 쉬며 말했지.

"남들 다 방아로 곡식 찧어 설음식을 장만하는데 우리만 방아 찧을 곡식이 없으니 설을 어이 쉴꼬?"

그 소리를 들은 백결 선생도 그날만은 하늘을 우러르며 탄식을 했단다.

"잘살고 못사는 것은 하늘의 뜻이라 어쩔 수 없는 것이니, 너무 마음 상해 마오."

그러더니 백결 선생은 곧 탄식을 거두며 말했어.

"내 당신을 위해 방아 소리를 지어 위로하리다. 들어 보오."

그러면서 방아 찧는 소리를 '뚱두둥~ 뚱둥~' 튕기기 시작했대. 그 소리가 어찌나 진짜 방아 소리 같던지 이웃들이 죄다 나와 봤다지? 가난한 백결 선생 집에서 방아 찧는 소리가 들리니 웬일인가 싶어서 말이야.

이 방아 찧는 소리는 오래도록 음악으로 연주되면서 많은 백성들의 시름을 덜어 주었대. 방아 찧는 경쾌하고 흥겨운 소리를 들으면 백성들은 곡식이 그득

시름
마음의 근심과 걱정이지.

뚱두둥 뚱둥

한 모습이 떠올라 행복해졌으니까. 그러니 백결 선생의 거문고 소리
는 늘 먹을 것이 모자랐던 백성들에겐 가장 인기 있는 음악이었지.
내 친구 방아는 자기가 내는 소리보다 거문고의 방아 소리가 더 좋
았다고 하더라!

백성의 스님, 원효 대사

삼국 시대에는 나라마다 불교를 나라의 종교로 받아들였잖니? 그
러니 스님 이야기를 안 하고 가면 섭섭할 것 같아. 훌륭한 스님이 많
~았지만 딱 두 스님만 소개할게.
두 스님은 정복 전쟁이 한창이던 시절에 태어나 통일을 이룬 신라
에서 활약을 많이 했어. 큰 전쟁이 자주 일어나던 때라 세상이 어수
선할 때 한 스님은 전쟁으로 고통받는 백성을 위해 나섰고 또 한 스

님은 절을 세우고 제자를 키우는 일에 열심이었지. 방법은 달랐지만 두 스님 다 불교를 널리 알리고 백성들의 마음을 보듬는 큰 역할을 하셨어. 지금 하려는 이야기는 워낙 유명해서 너희들도 조금은 알고 있는 이야기일지도 몰라.

두 스님이 당나라로 유학을 가다가 어떤 굴에서 자게 됐어. 그중 한 스님이 한밤중에 목이 말라 물을 찾다가 웬 바가지에 들어 있는 물을 아주 달게 마시고 다시 잠이 들었지. 그런데 다음 날 일어나 보니 그 물이 해골바가지에 들어 있던 물이었어. 스님은 바로 구역질을 했지. 그 순간 스님은 깨달았대.

'해골바가지에 담긴 물이란 걸 몰랐을 땐 그리 달더니만 알고 나니 구역질이라? 아~ 모든 건 마음가짐에 따라 달라지는 거로구나.'

해골 물 사건으로 어디서든 마음을 잘 다스리는 공부를 하면 되는 거라며 되돌아온 스님은 원효이고, 품은 뜻 그대로 당나라 유학을 떠난 스님은 의상이야.

원효는 지금의 경상북도 경산에서 태어났어. 만삭이던 어머니가 밤나무를 지나다가 갑자기 진통이 와서 남편의 비단옷을 밤나무에 걸치고 원효를 낳았대. 그래서 비단옷을 걸쳤던 그 밤나무를 사라수라고 하고 거기서 난 밤을 사라율이라 하는데 이 사라율에 얽힌 신통한 이야기가 하나 있어.

어느 절의 주지 스님이 절의 일을 거드는 종에게 하루 저녁 끼니로 사라율을 딱 두 알씩만 주었대. 그러자 종은 관청에 하소연을 했지. 관리는 덕 높은 스님이 그렇게 치졸한 짓을 하다니 이상하다고 생각했어. 그래서 밤 한 알을 그릇에 두고 살펴보니 이게 웬일이야, 밤 한 알이 그릇에 가득 차는 게 아니겠어? 이것을 안 관리는 오히려 밤을 한 알씩만 주라는 판결을 내렸지. 종이 너무 욕심을 냈던 거야. 원효가 워낙 훌륭한 스님이라 태어난 밤나무도 이렇게 신통했다는 이야기지.

태어나면서부터 총명했던 원효는 정해진 스승 없이 배울 만한 것이면 죄다 배우고 익혔어. 그래서 배움이 넓고도 깊은 스님이 되었지. 어디에든 얽매이지 않고 돌아다니며 큰 깨달음을 얻었기 때문이야. 그러던 어느 날

"누가 자루 빠진 도끼를 내게 빌려 주려는가? 나는 하늘을 떠받칠 기둥을 찍으려네."

이런 노래를 부르고 다녔어. 아무도 이 노래의 뜻을 알지 못했는데 태종 무열왕이 된 김춘추만은 그 뜻을 알아차렸대.

'아무래도 스님이 귀부인을 얻어 신라에 어질고 현명한 아들을 낳

아 주시려나 보다'

하고는 과부로 살고 있던 요석궁의 공주와 스님을 맺어 주었지. 그랬더니 정말 두 사람 사이에서 신라의 학문을 발전시킨 대학자 설총이 태어났어. 그런데 가만, 스님이 공주와 혼인하고 아이까지 낳았다는 게 이상하지? 원효는 스님 자리를 스스로 내놓았던 거야. 왜냐하면 저잣거리를 맘껏 누비며 백성들에게 불교를 전하기 위해서였대. 그때는 삼국이 외나무다리에서 만난 원수처럼 아예 서로를 무너뜨리려고 싸우고 있던 때였거든. 그러니 가난하고 불쌍한 백성들은 마음 하나 기댈 데도 없이 불안에 떨고 있었지. 이것을 보다 못한 원효는 백성들을 위로하고 싶었어. 그래서 광대들이나 굴리는 박을 지고 신라의 방방곡곡을 다니며 노래와 춤을 추기 시작했대. 그 춤과 노래 속엔 마음을 잘 닦으면 누구나 부처가 될 수 있다는 부처님의 말씀이 녹아 있었지.

불교는 왕실이 받아들인 종교라 무지한 백성들에겐 참으로 어렵기만 했는데 그것을 노래와 춤으로 쉽게 풀어 백성들에게 전한 거야. 원효 덕분에 산골의 백성들도 부처님을 알게 되고 '**나무아미타불**'을 부르며 의지하게 됐다는구나. 이름 높은 스님의 신분으로는 이 일을 할 수 없었을 거 아니니? 스님의 품위를 떨어뜨린다고 손가락질했을지도 모르잖아. 그러니 **파계**를 해서 광대처럼 자신을 낮추고 백성들과 함께 했던 거지. 불교가 고단하고 서러운 백성들의 마음을 어루만지는 만백성의 불

나무아미타불
아미타불은 고통이 전혀 없고 즐거움만 있는 극락세계에 계시는 부처님인데 나무아미타불은 아미타부처님을 믿는다는 뜻이래.

파계
불교의 계율을 어기는 거야.

부처님 말씀은 어려운 것이 아니라네.

교가 된 것은 원효의 힘이 컸던 거야. 그래서 큰 스님이란 뜻에서 원효 대사라고들 하는 거지.

나라의 스님, 의상 대사

귀족 출신인 의상은 원효보다 여덟 살이 아래지만 불교를 함께 공부하는 친구였어. 함께 두 번이나 당나라 유학을 떠났는데, 한 번은 고구려 땅을 지나다 요동의 수비대에게 첩자로 몰려 뜻을 이루지 못했지. 그러나 10년 뒤 두 사람은 다시 용기를 내어 떠났다가 해골바가지 물로 깨달음을 얻은 원효는 되돌아오고 의상 혼자서 머나 먼 유학길에 올랐던 거야.

의상이 어렵게 당나라 장안으로 가니 이름 높은 스님이 어젯밤에 동쪽에서 귀한 분이 오는 꿈을 꿨다면서 반갑게 제자로 받아 주었어. 이번엔 모든 일이 술술 풀렸던 거지. 그곳에서 의상은 10여 년을 열심히 공부했어. 나중에는 스승보다 학식이 더 뛰어나다는 소리를 들었고 당나라의 스님들이 배우기를 청할 정도였대. 그렇게 이름을 드날리고 있을 때 신라가 위험에 처했다는 소식을 듣게 됐어.

삼국을 통일하는 과정에서 당나라와 신라는 사이가 틀어지게 됐는데, 처음의 약속과는 달리 당나라가 신라까지도 속국으로 만들려 했기 때문이야. 신라가 당나라의 뜻대로 하지 않자 당나라는 30만 대군을 이끌고 신라를 공격할 계획을 세웠어. 이것을 알게 된 의상은 자기 공부만 하고 있을 때가 아니라고 생각했지. 그래서 부랴부랴 고국으로 돌아와 이 소식을 알렸고 당나라의 움직임을 알게 된 신라는 잘 대응해서 위기를 무사히 넘겼단다.

신라 왕실은 당나라에서도 이름이 높았던 의상이 불교를 더욱 발전시켜 주길 바랐어. 그래서 의상은 좋은 기운이 흐르는 곳마다 절을 세우고 제자들을 모아 불교를 가르쳤지. 의상이 부처님 말씀을 전하는 날은 스님들이 구름처럼 모여들었대. 이렇게 불법을 전하며 신라의 불교를 이끌어갈 큰 스님들을 길러냈지. 원효가 백성의 스님이었다면 의상은 나라의 큰 스님이었던 거야. 그래서 의상 대사라고 부른단다.

의상에게도 얽힌 이야기가 있는데 그 이야기도 마저 해 줄게.

의상이 어렵게 당나라에 도착했는데 그만 병이 나고 말았어. 그래서 그곳 불자의 집에 잠시 머무르게 됐는데 그 집에 선묘라는 딸이 있었지. 선묘는 기품 있는 의상의 모습에 홀딱 반하고 말았어. 그러나 의상은 큰 깨달음을 얻고자 하는 스님 아니니? 그래서 선묘는 연모하는 마음을 접고 제자가 되기로 했대. 병이 나아 장안으로 떠나는 의상에게 선묘는 신라로 돌아갈 때는 자기 집에 꼭 들러 주기를 신신당부했지.

장안에서 10여 년의 공부를 마친 의상은 선묘의 부탁을 잊지 않고 그녀의 집에 들렀는데, 마침 선묘가 외출중이라 만나지 못했지 뭐야? 뒤늦게 의상이 다녀간 것을 알게 된 선묘가 선착장으로 숨이 멎게 달려갔을 땐 배는 이미 돛대만 보일 뿐이었어. 선묘는 의상에게

법복
승려가 입는 옷이야.

부석사
의상 스님이 세운 절인데 경상북
도 영주에 있어.

무량수전
부석사에 있는 법당으로 우리
나라에서 가장 오래된 목조 건
축물이지.

주려던 **법복**을 바다에 띄우며

'이 법복이 부디 의상스님께 갈 수 있게 해주십시오'

하면서 간절하게 비니까 바람이 크게 일어 법복이 배 안으로 날아갔어. 이것을 본 선묘는 이번엔 바다에 몸을 던지며

'이 몸이 용이 되어 의상 스님을 안전하게 모실 수 있게 해 주십시오'

하고 또 간절히 빌었대. 그러자 기묘하게도 선묘는 정말, 용이 되어 배를 호위하게 됐다는구나! 의상은 이런 선묘의 희생을 눈치조차 못 채고 신라로 안전하게 돌아왔지. 왕의 요청으로 명산에 절을 짓고 제자를 키워내는 큰일을 하면서도 그것이 다 선묘의 보호 때문인 줄은 꿈에도 몰랐대.

그런데 봉황산에 절을 지으려는데 500명이나 되는 무리들이 자기들 땅이라고 방해를 하는 거야. 아무리 어르고 달래도 막무가내였지. 그때 하늘에서 이것을 보고 있던 선묘가 아니 용이 된 선묘가 큰 바위를 올렸다, 내렸다 하면서 방해하는 무리들에게 겁을 주었어. 크게 놀란 무리들은 용서를 빌며 절 짓는 것을 도왔대. 공중에 떠 있던 돌 덕분에 절을 지을 수 있어서 절 이름을 '**부석사**'라고 했다더라. 부석이란 공중에 떠 있는 돌이라는 뜻이야. 무사히 신라로 돌아온 것도, 모든 일이 순조롭게 된 것도 다 선묘의 희생과 도움이었다는 걸 그제야 알게 된 의상은 고맙기도 하고 마음이 아프기도 했지. 그래서 '선묘각'을 지어 선묘를 사당에 모셨어. 선묘는 보답이라도 하듯

돌로 변해서 **무량수전**의 불상 밑에 머리를 묻고 마당에 있는 석등까지 꼬리를 펼쳐 부석사를 지키는 수호신이 되었대. 석등 아래 있는 꼬리에는 희미하게 비늘이 남아 있다니 부석사에 가거든 용의 비늘을 꼭 어루만지고 오렴. 또 누가 아니? 이번엔 선묘용이 너희들을 도와주는 수호신이 될지!

부석사 무량수전 석등

　삼국의 역사가 담긴 책은 고려시대 김부식이 쓴『삼국사기』와 일연이 쓴『삼국유사』가 있어. 그런데 고구려 벽화에서 중요한 사람은 크게 그리고 신분이 낮은 사람은 아주 작게 그렸듯이 왕이나 귀족들의 이야기는 많이 실리고 백성들의 이야기는 짤막한데다 그다지 많이 실려 있지도 않단다. 그래서 이 솥단지가 풀어내는 이야기는 여기서 끝을 내야할 것 같아.

　애들아, 안녕~ 나는 다시 요술단지로 돌아간다~. 이번에는 떡시루를 이고 팥고물이 다글다글한 시루떡 한 판 쪄 내련다. 먹고 싶은 사람은 다 모여라!

저자가 직접 강의하는 호락호락 한국사 4장
왼쪽의 QR코드를 찍어서 저자의 강의를 들어 보세요!
만약 QR코드가 안 될 경우에는 아래 링크로 들어오세요.
http://blog.naver.com/damnb0401/221112803567

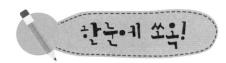

시대를 이끈 당당한 여인들이야

　책 속의 여인들은 남자를 도와주는 역할로만 나오거나 아예 이름을 올리지 못할 때도 많았어. 옛날부터 뿌리깊게 박혀 있는 여성 차별 때문이었지. 그런데도 우리 역사에 당당히 그 이름을 올린 여인들이 있었는

평강 공주는 똑똑한 귀족 청년들을 마다하고 가난한 바보 온달을 신랑으로 선택했어. 공주는 온달에게 무예와 글 공부를 시켜 고구려 장군으로 우뚝 서게했지. 참으로 뚝심 있는 대단한 공주야.

주몽을 도와 고구려를 세운 소서노는 온조와 비류를 데리고 남쪽으로 내려와 백제를 세우는 데도 큰 역할을 했어. 소서노야말로 고구려와 백제를 세우는데 공을 세운 멋지고 당찬 영웅이야.

데 소서노, 허황옥 같은 이들이야. 물론 공주로 태어나거나 힘 있는 가문 출신이었기에 가능한 일이었지만, 이 여인들은 나라를 만들고 위기에서 구하는 데 있는 힘을 다해 큰 공을 세웠단다.

선덕여왕은 우리나라 최초의 여왕이야. 당나라와 백제, 고구려의 위협에도 굴하지 않고 김유신을 장군으로 김춘추를 외교의 달인으로 성장시켜 삼국통일의 기반을 세웠단다.

신 라

가야

인도의 아유타국에서 온 공주 허황옥은 금관가야 김수로왕의 왕비가 되었어. 타국에서 왔지만 지혜롭게 백성을 보살펴 사랑을 많이 받았다는구나.

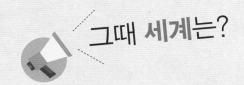

그때 세계는?

세계를 이끈 당당한 여인들이야

세계 역사에 당당하게 활약한 여성들이 있었어. 뛰어난 철학자도 있었고, 다른 나라의 지배로부터 벗어나게 한 독립투사도 있었으며 백성을 편안하게 한 능력 있는 통치자도 있었지.

이집트의 **히파티아**(350~415)는 〈플라톤 아카데미〉를 이끌었던 여성학자야. 라파엘로의 그림 (아테나 학당)에 나오는 유일한 여성으로 '인간은 이성과 깨달음을 통해서 자신의 삶과 사회를 바꿀 수 있다'고 가르쳤어.

이집트의 황제였던 **클레오파트라**(기원전 69~30)는 당시 지중해의 지배자로 마의 영웅 카이사르와 안토니우스의 연인이 되어 이집트를 지키고 동방 세계의 여왕이 되었단다.

유일한 여성 황제인 당나라 **측천무후** (624~705)는 농업과 양잠업을 장려하고 세금과 부역을 가볍게 해 주었어. 이 때는 농민 반란이 한 번도 일어나지 않았는데 그건 기적이었다는구나.

쯩자매(14~43)는 100여 년 동안 한나라의 가혹한 지배를 받던 베트남의 독립을 이끌었어. 코끼리 부대를 이끌고 두려워하는 베트남인들을 응원하여 독립에 성공했지. 용감한 쯩짝, 쯩니 자매는 지금도 베트남의 국민 영웅이야.

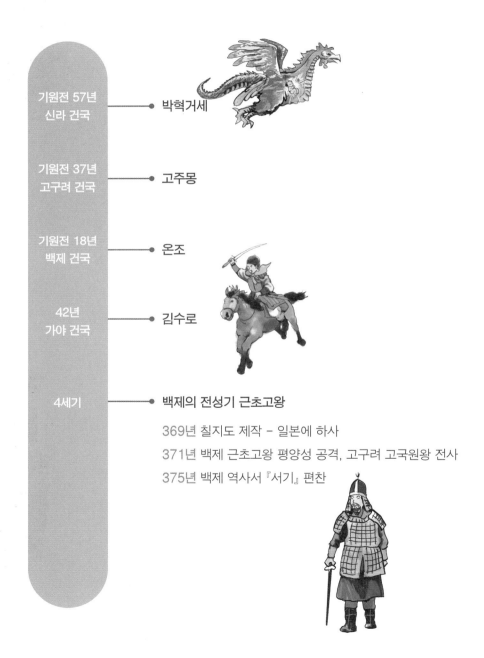

기원전 57년 신라 건국	박혁거세
기원전 37년 고구려 건국	고주몽
기원전 18년 백제 건국	온조
42년 가야 건국	김수로
4세기	백제의 전성기 근초고왕

369년 칠지도 제작 – 일본에 하사

371년 백제 근초고왕 평양성 공격, 고구려 고국원왕 전사

375년 백제 역사서 『서기』 편찬

5세기

고구려의 전성기 광개토대왕

391년 고구려 광개토대왕 백제 관미성 공격

396년 고구려 광개토대왕 백제 재침략, 아신왕의 굴복

400년 고구려 광개토대왕 백제와 가야, 왜 연합군 격퇴

414년 고구려 장수왕 광개토대왕릉비 세움

427년 고구려 장수왕 평양으로 천도

433년 신라와 백제의 '나제 동맹'

475년 고구려 장수왕의 한성 침략, 백제 개로왕 전사, 웅진 천도

481년 고구려 장수왕 충주 고구려비 세움

6세기

신라의 전성기 진흥왕

503년 신라 지증왕 '왕' 칭호와 '신라' 국호 사용

527년 신라 법흥왕 불교 공인, 이차돈 순교

551년 신라 진흥왕과 백제 성왕, 한강 유역 차지

554년 백제 성왕 관산성 전투에서 신라군에게 전사

555년 신라 진흥왕 북한산 진흥왕 순수비 세움

562년 신라 진흥왕 대가야 정복

590년 고구려 온달 장군 아차산성 전사

612년 수나라, 고구려 침략 VS 을지문덕 살수대첩

642년 백제 VS 신라 대야성 전투, 김춘추 고구려 파견

643년 고구려와 백제의 '여제 동맹'

645년 당나라, 고구려 침략 VS 안시성 양만춘

✕ 찾아보기 ✕

✖ 참고한 책들과 사진 출처 ✖

〈참고한 책들〉

• 어린이 책

우리 신화로 만나는 처음 세상 이야기 / 토토북
우리나라의 건국신화 / 청솔출판사
한겨레 옛이야기 (건국신화편) / 한겨레아이들
한국생활사 박물관 / 사계절
용선생의 시끌벅적 한국사 / 사회평론
찾아라 고구려 고분 벽화 / 창해
어린이 박물관 백제 / 웅진주니어
문화로 만나는 우리 역사 / 청년사
살아있는 역사 / 사파리

• 어른 책

한국 신화, 그 매혹의 스토리텔링 / 한울
신화 이야기를 창조하다 / 휴머니스트
삼국사기1,2 / 한길사
원문과 함께 읽는 삼국유사 / 한국인문 고전 연구소
전쟁과 역사 / 혜안
전쟁으로 읽는 한국사 / 바움
고구려 고분벽화 이야기 / 사계절
벽화여 고구려를 말하라 / 사계절

〈사진 출처〉

국립중앙박물관
국립경주박물관
국립공주박물관
국립부여박물관
국립민속박물관
문화재청
서울역사편찬원 발간『서울 2천년사』
동북아역사재단
고구려발해학회
디라이브러리
셔터스톡
위키백과

뭉치는 이 책에 수록된 사진이나 자료의 출처와 저작권자를 찾기 위해 최선을 다했습니다.
혹시 문제가 있다면 언제든지 연락 주시기 바랍니다.